Impressum
Verlag: BABADADA GmbH, Nedderfeld 112 , 22529 Hamburg
Geschäftsführer / Verlagsleitung: Harald Hof
Druck: Books on Demand GmbH, In de Tarpen 42, 22848 Norderstedt

Imprint
Publisher: BABADADA GmbH, Nedderfeld 112 , 22529 Hamburg, Germany
Managing Director / Publishing direction: Harald Hof
Print: Books on Demand GmbH, In de Tarpen 42, 22848 Norderstedt

koulu
ကျောင်း

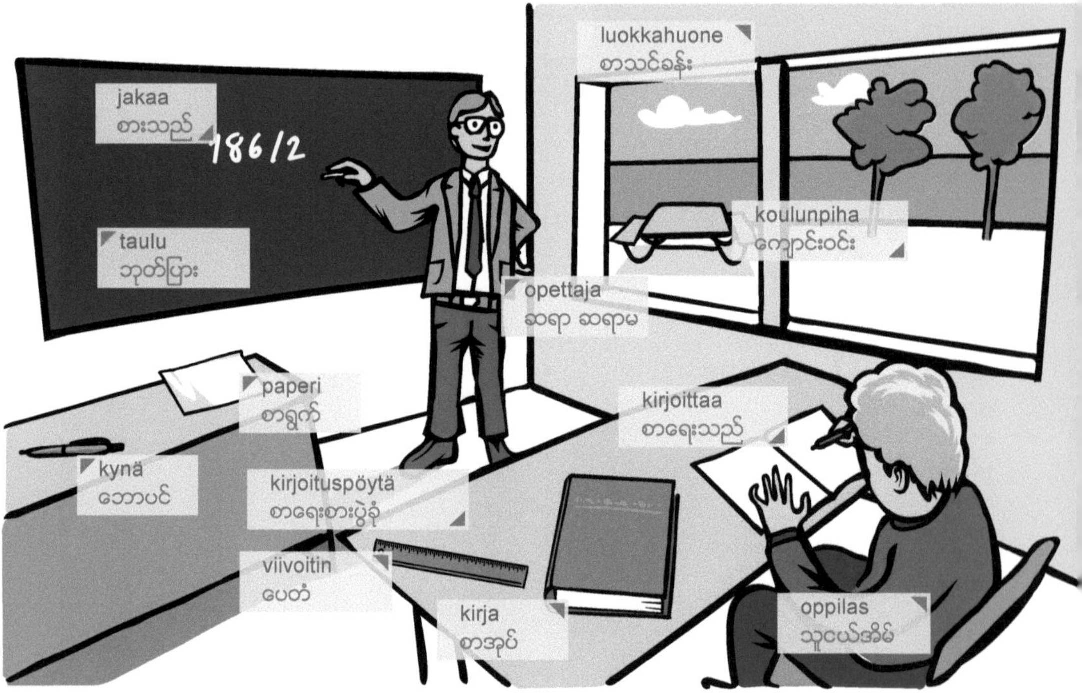
luokkahuone
စာသင်ခန်း
jakaa
စားသည်
186/2
taulu
ဘုတ်ပြား
koulunpiha
ကျောင်းဝင်း
opettaja
ဆရာ ဆရာမ
paperi
စာရွက်
kirjoittaa
စာရေးသည်
kynä
ဘောပင်
kirjoituspöytä
စာရေးစားပွဲခုံ
viivoitin
ပေတံ
kirja
စာအုပ်
oppilas
သူငယ်အိမ်

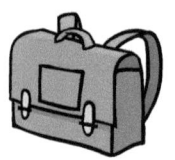

reppu
အဖုံးပါ ဘေးလွယ်အိတ်

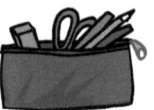

penaali
ခဲတံဘူး

lyijykynä
ခဲတံ

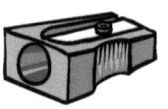

kynänteroitin
ချွန်စက်

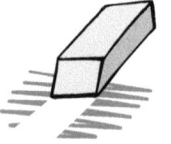

pyyhekumi
ခဲဖျက်

piirustuslehtiö
ပုံဆွဲစာအုပ်

piirustus

ပုံဆွဲခြင်း

pensseli

ဆေးခြယ်သည့် စုပ်တံ

vesivärit

အရောင်စုံ ဗူး

sakset

ကပ်ကြေး

liima

ကော်

harjoituskirja

လေ့ကျင့်ခန်းစာအုပ်

kotitehtävä

အိမ်စာ

12

luku

နံပါတ်

2+2

lisätä

ပေါင်းသည်

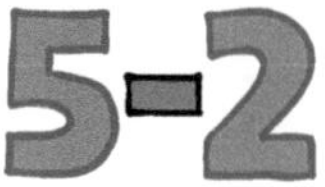
5-2

vähentää

နှုတ်သည်

2×2

kertoa

မြှောက်သည်

42

laskea

တွက်ပါ

A

kirjain

စာ

ABCDEFG
HIJKLMN
OPQRSTU
VWXYZ

aakkoset

အက္ခရာ

hello

sana

စကားလုံး

teksti

ဖတ်စာအုပ်

lukea

ဖတ်သည်

liitu

မြေဖြူ

oppitunti

သင်ခန်းစာ

opettajan muistikirja

ကျောင်းခေါ် ချိန်
မှတ်တမ်းစာအုပ်

koe

စာမေးပွဲ

todistus

အထောက်အထားလက်မှတ်

koulupuku

ကျောင်းဝတ်စုံ

koulutus

ပညာရေး

sanakirja

စွယ်စုံကျမ်း

yliopisto

တက္ကသိုလ်

mikroskooppi

အနုကြည့်မှန်ပြောင်း

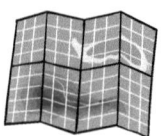

kartta

မြေပုံ

roskakori

အမှိုက်စွန့်ပုံး

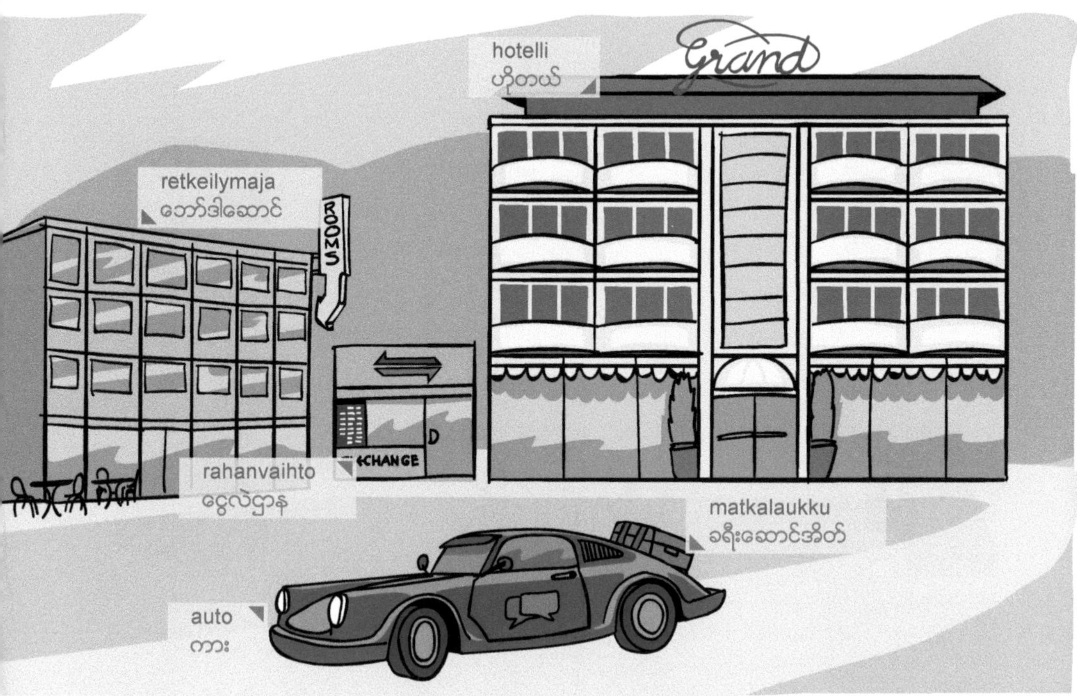
hotelli
ဟိုတယ်
Grand
retkeilymaja
ဘော်ဒါဆောင်
ROOMS
rahanvaihto
ငွေလဲဌာန
matkalaukku
ခရီးဆောင်အိတ်
auto
ကား

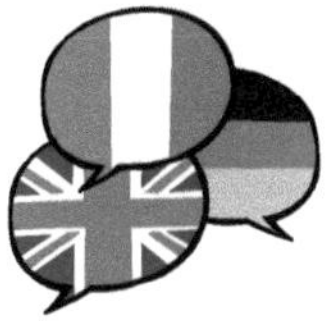

kieli

ဘာသာစကား

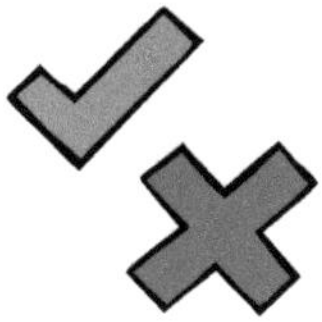

kyllä / ei

မှန် / မှား

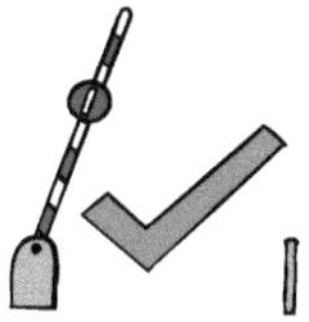

selvä

အိုကေ

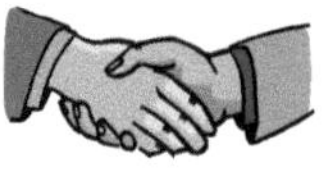

hei

ဟယ်လို

tulkki

ဘာသာပြန်

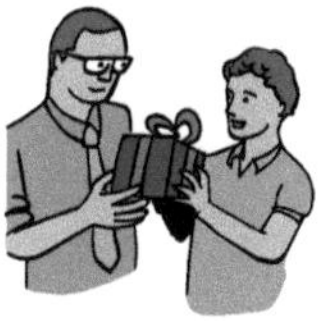

kiitos

ကျေးဇူးတင်ပါတယ်

Paljonko...maksaa?

......က ဘယ်လောက်လဲ။

en ymmärrä

ကျွန်ုပ် နားမလည်ဘူး

ongelma

ပြဿနာ

Hyvää iltaa!

မင်္ဂလာ ညနေခင်းပါ။

Hyvää huomenta!

မင်္ဂလာ နံနက်ခင်းပါ။

Hyvää yötä!

မင်္ဂလာ ညပါ။

näkemiin

ဘိုင်းဘိုင်

suunta

ဦးတည်ရာ

matkatavarat

ခရီးဆောင်သေတ္တာ

laukku

အိတ်

reppu

ကျောပိုးအိတ်

vieras

ဧည့်သည်

huone

အခန်း

makuupussi

တစ်ကိုယ်စာအိပ်ယာလိပ်

teltta

ရွက်ထည်တဲ

matka - ခရီးသွားသည်

turisti-info
ခရီးသွားညွှန်သည်အတွက်
သတင်းအချက်အလက်

ranta
ကမ်းခြေ

luottokortti
အကြွေးဝယ်ကတ်

aamupala
နံနက်စာ

lounas
နေ့လည်စာ

päivällinen
ညစာ

matkalippu
လက်မှတ်

hissi
ဓာတ်လှေကား

postimerkki
တံဆိပ်ခေါင်း

raja
နယ်စပ်

tulli
အခွန်များ

suurlähetystö
သံရုံး

viisumi
ဗီဇာ

passi
နိုင်ငံကူးလက်မှတ်

kuljetus
သယ်ယူပို့ဆောင်ရေး

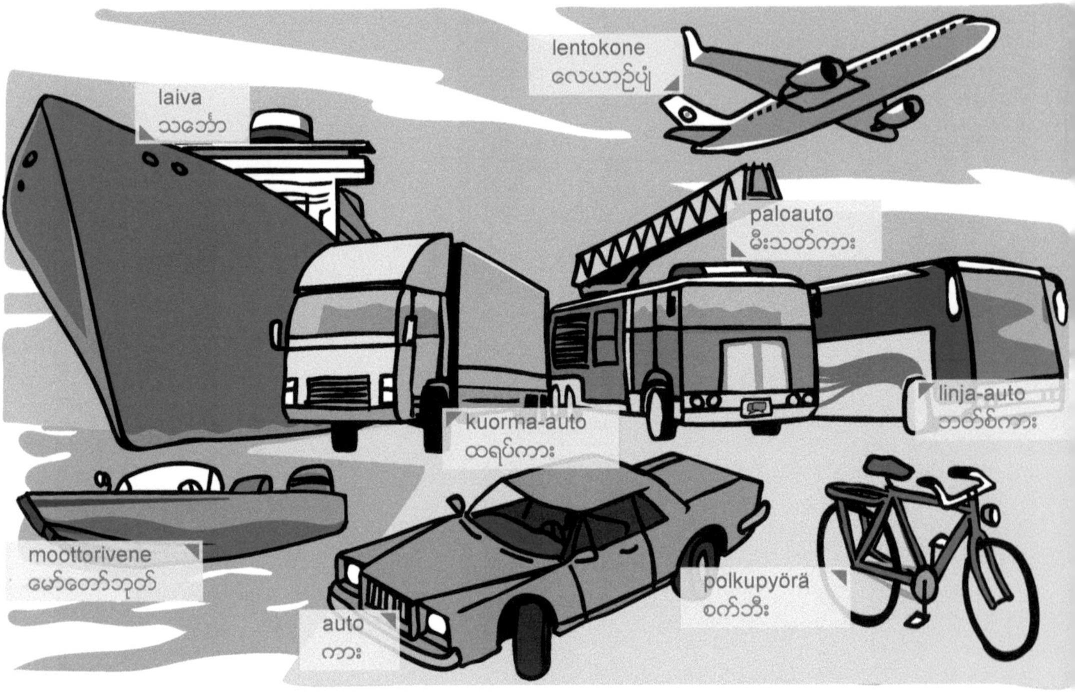

lentokone
လေယာဉ်ပျံ
laiva
သင်္ဘော
paloauto
မီးသတ်ကား
linja-auto
ဘတ်စ်ကား
kuorma-auto
ထရပ်ကား
moottorivene
မော်တော်ဘုတ်
polkupyörä
စက်ဘီး
auto
ကား

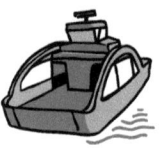

lautta

ဖယ်ရီသင်္ဘော

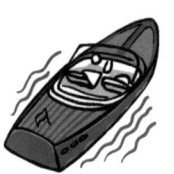

vene

လှေ

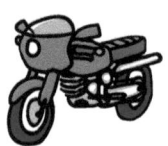

moottoripyörä

မော်တော်ဆိုက်ကယ်

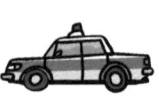

poliisiauto

ရဲကား

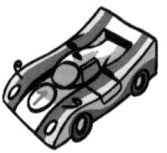

kilpa-auto

ပြိုင်ကား

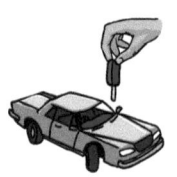

vuokra-auto

စင်းလုံးငှားကား

car sharing

ကားဝေမျှသုံးစွဲခြင်း

hinausauto

ပျက်နေသော ထရပ်ကား

roska-auto

အမှိုက်သယ်ယာဉ်

moottori

မော်တာ

polttoaine

လောင်စာ

huoltoasema

ဓာတ်ဆီဆိုင်

liikennemerkki

လမ်းကြောပြ ဆိုင်းဘုတ်

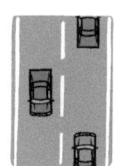

liikenne

ယာဉ်အသွားအလာ

ruuhka

လမ်းကြောပိတ်ဆို့မှု

parkkipaikka

ကားရပ်နားရာနေရာ

rautatieasema

ရထားဘူတာရုံ

raiteet

လမ်းကြောင်းများ

juna

ရထား

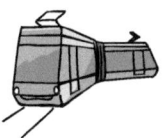

raitiovaunu

ဓာတ်ရထား

vaunu

ရထားလုံး

helikopteri

ဟယ်လီကော်ပီတာ

lentokenttä

လေဆိပ်

lähilennonjohto

တာဝါ

matkustaja

ခရီးသည်

kontti

ထည့်စရာပုံး

pahvilaatikko

ကတ်ထူပုံး

kärryt

လှည်း

kori

ခြင်း

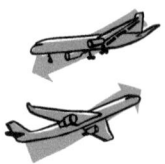

nousta / laskea

ထွက်ခွာ / ဆိုက်ရောက်

kaupunki

မြို့တော်

kylä

ကျေးရွာ

keskusta

မြို့လယ်ခေါင်

talo

အိမ်

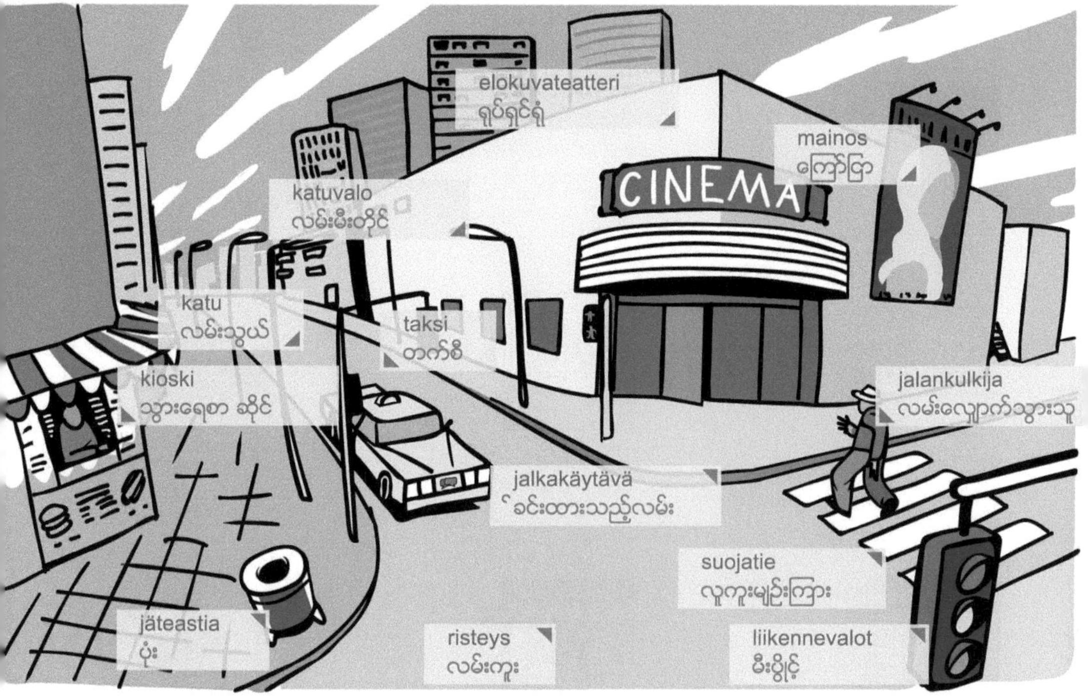

elokuvateatteri
ရုပ်ရှင်ရုံ

mainos
ကြော်ငြာ

katuvalo
လမ်းမီးတိုင်

CINEMA

katu
လမ်းသွယ်

taksi
တက္ကစီ

kioski
သွားရေစာ ဆိုင်

jalankulkija
လမ်းလျှောက်သွားသူ

jalkakäytävä
ခြင်းထားသည့်လမ်း

suojatie
လူကူးမျဉ်းကြား

jäteastia
ပုံး

risteys
လမ်းကြား

liikennevalot
မီးပွိုင့်

mökki

တဲအိမ်

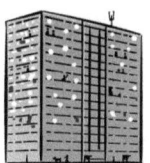

kerrostalo

နေအိမ်ခန်း

rautatieasema

ရထားဘူတာရုံ

kaupungintalo

မြို့တော်ခန်းမ

museo

ပြတိုက်

koulu

ကျောင်း

yliopisto

တက္ကသိုလ်

pankki

ဘဏ်

sairaala

ဆေးရုံ

hotelli

ဟိုတယ်

apteekki

ဆေးဆိုင်

toimisto

ရုံးခန်း

kirjakauppa

စာအုပ်ဆိုင်

liike

ဆိုင်

kukkakauppa

ပန်းရောင်းသူ၏

supermarketti

စူပါမားကတ်

tori

ဈေး

tavaratalo

ပစ္စည်းမျိုးစုံရောင်းသည့် စတိုးဆိုင်ကြီး

kalakauppias

ငါးရောင်းသူ၏

ostoskeskus

ဈေးဝယ်စင်တာ

satama

သင်္ဘောဆိပ်

puisto
အနားယူပန်းခြံ

penkki
ထိုင်ခုံတန်း

silta
တံတား

portaat
လှေကားထစ်များ

metro
မြေအောက်

tunneli
ဥမင်လှိုင်ခေါင်း

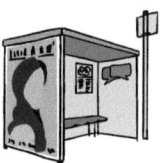

linja-autopysäkki
ဘတ်စ်ကားမှတ်တိုင်

baari
ဘား

ravintola
စားသောက်ဆိုင်

postilaatikko
စာတိုက်သေတ္တာ

katukyltti
လမ်းဆိုင်းဘုတ်

parkkimittari
ကားရပ်နားခ ကောက်ခံသည့်
မီတာ

eläintarha
တိရိစ္ဆာန်ရုံ

uimala
ရေကူးကန်

moskeija
ဗလီ

maatila

လယ်ယာ

ympäristön saastuminen

ညစ်ညမ်းမှု

hautausmaa

သချႋႈင်းကုန်း

kirkko

ဘုရားရှိခိုးကျောင်း

leikkikenttä

ကစားကွင်း

temppeli

ဘုရားကျောင်း

maisema
ရှုခင်း

lehti
သစ်ရွက်

tienviitta
ဆိုင်းဘုတ်

tie
လမ်း

niitty
မြက်ခင်း

kivi
ကျောက်တုံး

puu
သစ်ပင်

retkeilijä
တောင်တက်သမား

joki
မြစ်

ruoho
မြက်

kukka
ပန်း

laakso

တောင်ကြား

vuori

တောင်ကုန်း

järvi

ရေကန်

metsä

သစ်တော

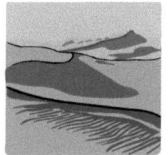

aavikko

သဲကန္တာရ

tulivuori

မီးတောင်

linna

ရဲတိုက်

sateenkaari

သက်တန့်

sieni

မို

palmu

ထန်းပင်

hyttynen

ခြင်

kärpänen

ပျံသန်းသည်

muurahainen

ပုရွက်ဆိတ်

mehiläinen

ပျား

hämähäkki

ပင့်ကူ

kovakuoriainen

ပိုးတောင်မာ

sammakko

ဖား

orava

ရှဉ့်

siili

ဖြူကောင်

jänis

ယုန်

pöllö

ဇီးကွက်

lintu

ငှက်

joutsen

ငန်း

villisika

တောဝက်

peura

သမင်

hirvi

ချိုပြားဒရယ်

pato

ဆည်

tuulimylly

လေအားသုံး
လျှပ်စစ်ဓာတ်အားပေးစက်

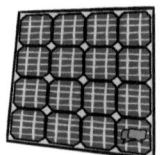

aurinkopaneeli

နေရောင်ခြည်ခံပြား

ilmasto

ရာသီဥတု

tarjoilija
စားပွဲထိုး

ruokalista
မီနူး

tuoli
ထိုင်ခုံ

keitto
ဟင်းချို

pitsa
ပီဇာ

pöytäliina
စားပွဲခင်း

ruokailuvälineet
ဇွန်းခက်ရင်း

alkuruoka

ပထမဆုံး စစားသည့် အစာ

pääruoka

ပင်မ အစာ

jälkiruoka

အချိုပွဲ

juomat

သောက်စရာများ

ruoka

အစားအစာ

pullo

ပုလင်း

pikaruoka

အသင့်ပြင်ပြီးသား အစားအစာ

katuruoka

လမ်းဘေးအစားအစာ

teekannu

လက်ဖက်ရည်အိုး သို့မဟုတ်
ရေနွေးကြမ်းအိုး

sokeriastia

သကြားအိုး

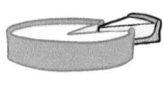

annos

တစ်ယောက်စာ

espressokeitin

အက်စ်ကပ်ပရက်ဆို ကော်ဖီစက်

syöttötuoli

ထိုင်ခုံအမြင့်

lasku

ငွေတောင်းခံလွှာ

tarjotin

ပန်း

veitsi

ဓါး

haarukka

ခက်ရင်း

lusikka

ဇွန်း

teelusikka

လက်ဖက်ရည်ဇွန်း

servietti

လက်သုတ်ပုဝါ

lasi

ရေသောက်ဖန်ခွက်

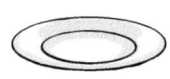

lautanen

ပန်းကန်ပြား

syvä lautanen

ဟင်းချိုပန်းကန်ပြား

aluslautanen

ပန်းကန်ပြား

kastike

ဆော့စ်

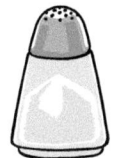

suolasirotin

ဆားအိုး

pippurimylly

ငရုတ်ကောင်း ချေစက်

etikka

ရှာလကာရည်

öljy

ဆီ

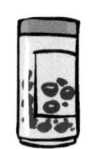

mausteet

ဟင်းခတ်အမွှေးအကြိုင်

ketsuppi

ခရမ်းချဉ်သီးဆော့စ်

sinappi

မုန်ညင်းဆီဆော့စ်

majoneesi

မယိုးနိစ်

supermarketti
စူပါမားကတ်

tarjous
အထူးကမ်းလှမ်းချက်
FOR
asiakas
ဖောက်သည် သို့မဟုတ် ဈေးဝယ်သူ
maitotuotteet
နို့ထွက်ပစ္စည်း
hedelmät
သစ်သီး
ostoskärryt
ထရော်လီလှည်း

BUTCHERS

teurastamo

သားသတ်သမား၏

BAKERY

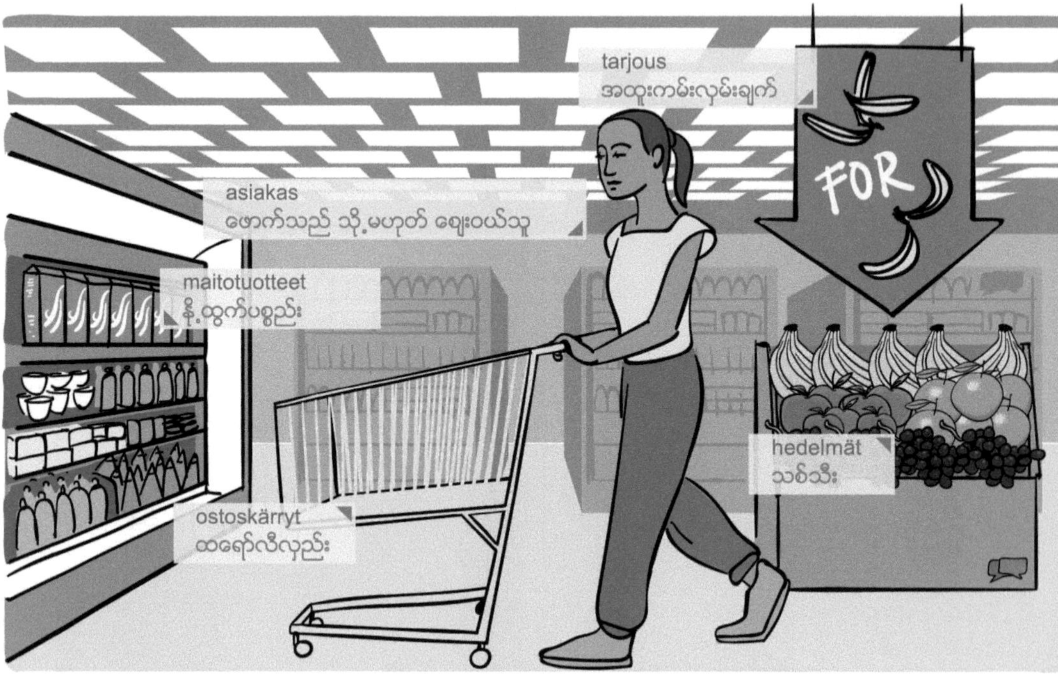

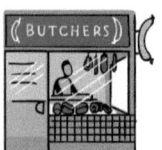

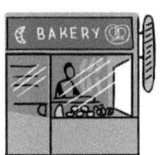

leipomo

မုန့်ဖုတ်သမား၏

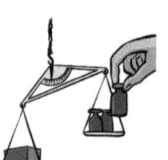

punnita

အလေးချိန်သည်

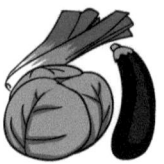

kasvikset

ဟင်းသီးဟင်းရွက်

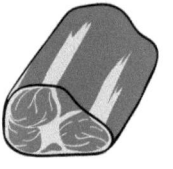

liha

အသား

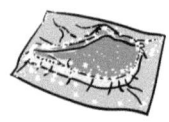

pakasteet

အေးခဲထားသည့် အစားအစာ

leikkele

ပြင်ဆင်ထားသော အသားအေး

säilykkeet

သံဗူးသွပ် အစားအစာ

pesujauhe

ဆပ်ပြာမှုန့်

makeiset

သကြားလုံးများ

kotitaloustarvikkeet

အိမ်သုံး ပစ္စည်းများ

puhdistusaineet

သန့်ရှင်းရေး ပစ္စည်းများ

myyjä

ဈေးရောင်းသူ

kassa

အထိ

kassanhoitaja

ငွေကိုင်

ostoslista

ဈေးဝယ်စာရင်း

aukioloajat

ဖွင့်ချိန်နာရီများ

lompakko

အိတ်ဆောင် ပိုက်ဆံအိတ်

luottokortti

အကြွေးဝယ်ကတ်

kassi

အိတ်

muovipussi

ပလပ်စတစ်အိတ်

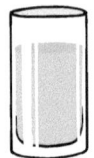

vesi

ရေ

mehu

သစ်သီးဖျော်ရည်

maito

နွားနို့

kokis

ကိုကာကိုလာ

viini

ဝိုင်

olut

ဘီယာ

alkoholi

အရက်

kaakao

ကိုကိုးမှုန့်

tee

လက်ဖက်ရည် သို့ မဟုတ်
ရေနွေးကြမ်း

kahvi

ကော်ဖီ

espresso

အက်စ်ပရက်ဆို ကော်ဖီ

cappuccino

ကပူချီနိုကော်ဖီ

banaani

၄က်ပျောသီး

omena

ပန်းသီး

appelsiini

လိမ္မော်သီး

meloni

ဖရဲသီးမျိုးဝင်

sitruuna

သံပုယိုသီး

porkkana

မုန်လာဥနီ

valkosipuli

ကြက်သွန်ဖြူ

bambu

မျှစ်

sipuli

ကြက်သွန်နီ

sieni

မှို

pähkinät

ပဲစေ့များ

spagetti

ခေါက်ဆွဲ

spagetti

စပါဂတီ ခေါ် အီတလီ ခေါက်ဆွဲ

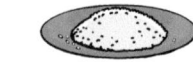

riisi

ထမင်း

salaatti

ဆလပ်ရွက်သုတ်

ranskalaiset

အကြွပ်ကြော်များ

paistetut perunat

အာလူးကြော်

pitsa

ပီဇာ

hampurilainen

ဟမ်ဘာဂါ

voileipä

အသားညှပ်ပေါင်မုန့်

leike

ကတ်တလိပ်

kinkku

ဝက်ပေါင်ခြောက်

salami

ဆလာမီ

makkara

ဝက်အူချောင်း

kana

ကြက်သား

paisti

ရှိုစ်လုပ်ခြင်း

kala

ငါး

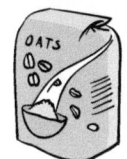

kaurahiutaleet

ကွေကာအုတ်

mysli

မျူးစလီ

murot

ပြောင်းစေ့ပြား

jauho

ဂျုံမှုန့်

voisarvi

ခရာဆွန်း ခေါ်
ပြင်သစ်ပေါင်မုန့်တစ်မျိုး

sämpylä

ပေါင်မုန့်လိပ်

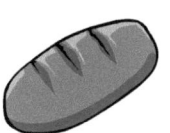

leipä

ပေါင်မုန့်

paahtoleipä

ပေါင်မုန့်မီးကင်

keksit

ဘီစကစ်

voi

ထောပတ်

rahka

ဒိန်ခဲ

kakku

ကိတ်မုန့်

kananmuna

ဥ

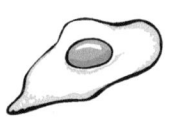

paistettu kananmuna

ဥကြော်

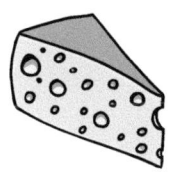

juusto

ချိစ်

jäätelö

ရေခဲမုန့်

sokeri

သကြား

hunaja

ပျားရည်

hillo

ယို

suklaapähkinälevite

ယိုသုတ်စားသည့် ချောကလက်

curry

ဟင်း

maatila
လယ်တောအိမ်

lato; liiteri
တင်းကုပ်

heinäpaali
ကောက်ရိုးပုံ

pelto
ကွင်းပြင်

hevonen
မြင်း

peräkärry
နောက်တွဲယာဉ်

varsa
မြည်း

traktori
လယ်ထွန်စက်

aasi
မြည်း

karitsa
သိုး

lammas
သိုး

vuohi
ဆိတ်

lehmä
နွားမ

vasikka
နွားလေး

sika
ဝက်

porsas
ဝက်ကလေး

sonni
နွားထီး

hanhi

ဘဲငန်း

ankka

ဘဲ

tipu

ကြက်ပေါက်ကလေး

kana

ကြက်မ

kukko

ကြက်ဖ

rotta

ကြွက်

kissa

ကြောင်

hiiri

ကြွက်ကလေး

härkä

နွားထီး

koira

ခွေး

koirankoppi

ခွေးအိမ်

puutarhaletku

ပန်းခြံရေပိုက်

kastelukannu

ရေလောင်းသည့်ခွက်

viikate

တံစဉ်အပြားကြီး

aura

ထယ်

sirppi

တံစဉ်

kuokka

ပေါက်ပြား

talikko

ကောက်ဆွ

kirves

ပေါက်ချွန်း

kottikärryt

ဘီးတပ် လက်တွန်းလှည်း

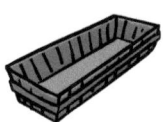

kaukalo

စားခွက်

maitokannu

နို့ပုံး

säkki

အိတ်

aita

ခြံစည်းရိုး

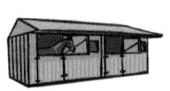

talli

မြင်းဇောင်း

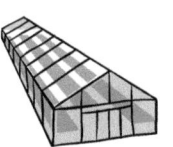

kasvihuone

မှန်လုံအိမ်

maa

မြေကြီး

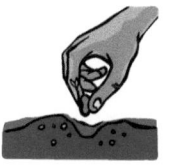

siemen

အစေ့

lannoite

မြေသြဇာ

leikkuupuimuri

စုပေါင်း ရိတ်သိမ်းသူ

kerätä sato

ရိတ်သိမ်းသည်

sato

ရိတ်သိမ်းသည်

jamssit

ပီလောပီနံ

vehnä

ဂျုံ

soija

ပဲပုပ်

peruna

အာလူး

maissi

ပြောင်း

rypsi

နံစားပြောင်းဆီ

hedelmäpuu

အသီးပင်

maniokki

ပီလောပီနံ

vilja

စီရီရယ် ခေါ် နံနက်စာတစ်မျိုး

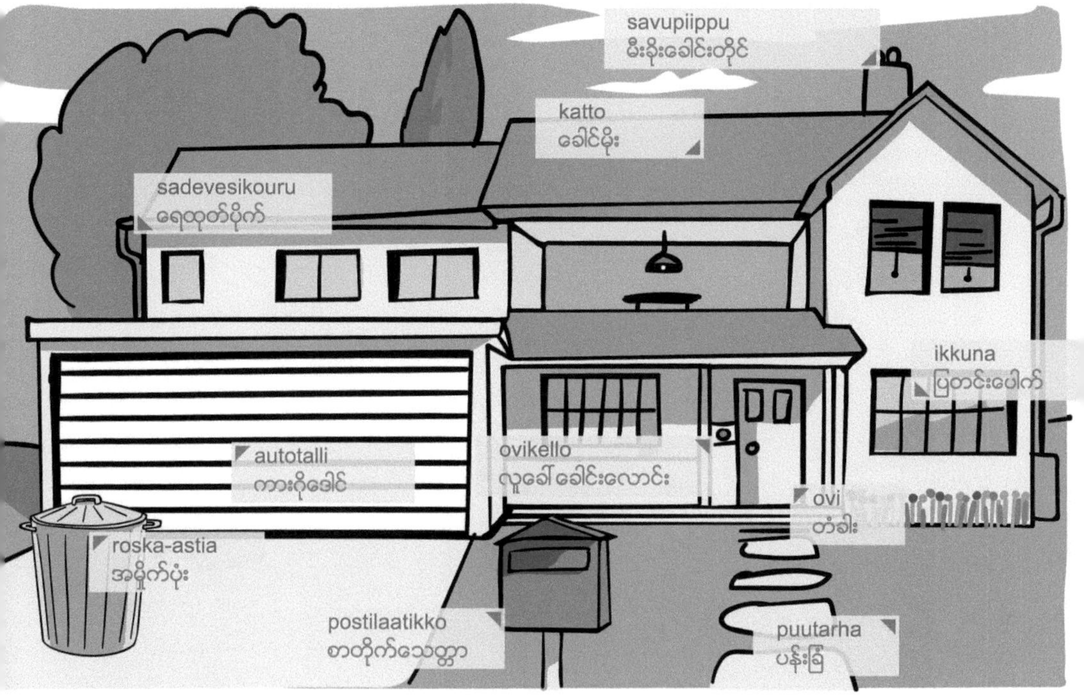

savupiippu
မီးခိုးခေါင်းတိုင်

katto
ခေါင်မိုး

sadevesikouru
ရေထုတ်ပိုက်

ikkuna
ပြတင်းပေါက်

autotalli
ကားဂိုခေါင်

ovikello
လူခေါ် ခေါင်းလောင်း

ovi
တံခါး

roska-astia
အမှိုက်ပုံး

postilaatikko
စာတိုက်သေတ္တာ

puutarha
ပန်းခြံ

olohuone

ဧည့်ခန်း

kylpyhuone

ရေချိုးခန်း

keittiö

မီးဖိုချောင်

makuuhuone

အိပ်ခန်း

lastenhuone

ကလေး အခန်း

ruokahuone

ထမင်းစားခန်း

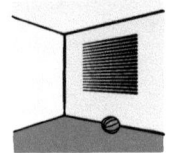

lattia

ကြမ်းပြင်

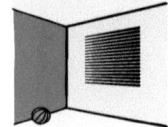

seinä

နံရံ

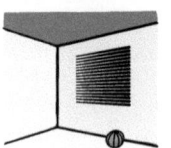

katto

မျက်နှာကြက်

kellari

မြေအောက်ခန်း

sauna

ချွေးထုတ်ခန်း

parveke

ဝရန်တာ

terassi

ဝရန်တာ

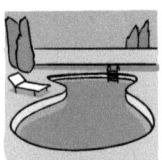

uima-allas

ရေကူးကန်

ruohonleikkuri

မြက်ရိတ်စက်

lakana

အခြုပ်

päiväpeitto

အိပ်ယာခင်း

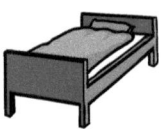

sänky

အိပ်ယာ

harja

တံမြက်စည်း

ämpäri

ရေပုံး

katkaisin

မီးခလုတ်

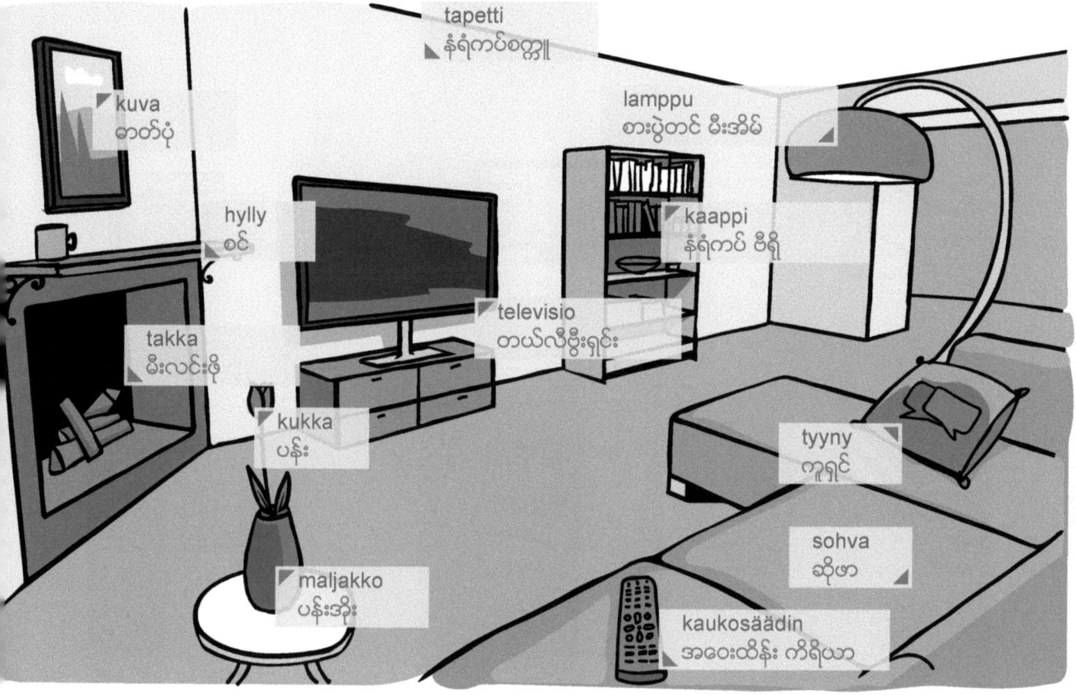

tapetti
နံရံကပ်စက္ကူ

kuva
ဓာတ်ပုံ

lamppu
စားပွဲတင် မီးအိမ်

hylly
စင်

kaappi
နံရံကပ် ဗီရို

takka
မီးလင်းဖို

televisio
တယ်လီဗွီးရှင်း

kukka
ပန်း

tyyny
ကူရှင်

sohva
ဆိုဖာ

maljakko
ပန်းအိုး

kaukosäädin
အဝေးထိန်း ကိရိယာ

matto
ကော်ဇော

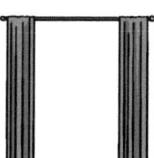

verho
ကန့်လန့်ကာ

pöytä
စားပွဲခုံ သို့မဟုတ် ဇယား

tuoli
ထိုင်ခုံ

keinutuoli
ရှေ့နောက် ယိမ်းနိုင်သည့် ထိုင်ခုံ

nojatuoli
လက်တင်ထိုင်ခုံ

kirja

စာအုပ်

peitto

စောင်

koriste

အပြင်အဆင်

polttopuut

ထင်း

elokuva

ဖလင် သို့ မဟုတ် ရုပ်ရှင်

stereot

ဟိုင်ဖိုင် ကိရိယာ

avain

သော့

sanomalehti

သတင်းစာ

maalaus

ပန်းချီကား

juliste

ပိုစတာ

radio

ရေဒီယို

muistivihko

မှတ်စုစာရွက်အုပ်

pölynimuri

ဖုစုပ်စက်

kaktus

ရှားစောင်းပင်

kynttilä

ဖယောင်းတိုင်

keittiö
မီးဖိုချောင်

jääkaappi
ရေခဲသေတ္တာ
mikroaaltouuni
မိုက်ခရိုဝေ့ဗ် အပူပေးစက်
keittiövaaka
မီးဖိုချောင်သုံး အလေးချိန်စက်
leivänpaahdin
ပေါင်မုန့် မီးကင်စက်
pesuaine
ဆပ်ပြာမှုန့်
leivinuuni
အော်ဗန် ခေါ် မီးဖို
pakastinlokero
ရေခဲခန်း
roska-astia
အမှိုက်ပုံး
astianpesukone
ပန်းကန်ဆေးစက်

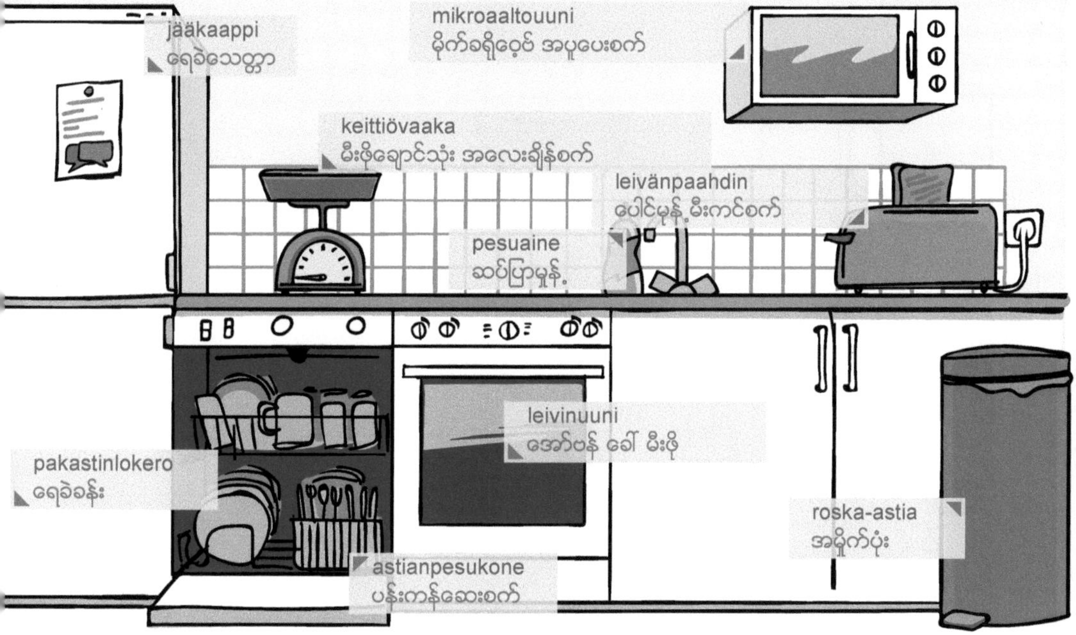

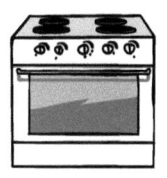

liesi

လျှပ်စစ် ချက်ပြုတ်အိုး

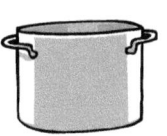

kattila

အိုး

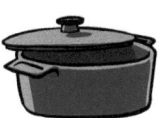

rautapata

သံအိုးကြီး

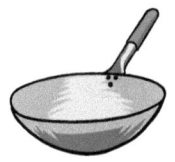

vokkipannu / kadai-pannu

မွှေကြော်သည့် ဒယ်အိုးကြီး / ကာဒိုင်း

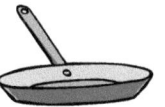

paistinpannu

ဒယ်အိုး

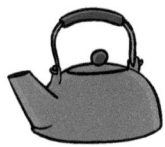

teepannu

ရေနွေးတည်သည့်အိုး

höyrykeitin

ပေါင်းစက်

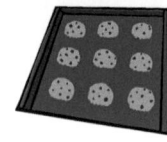

uunipelti

မုန့်ဖုတ်သည့် ပန်း

astiat

ကြွေပန်းကန်ပြား ခွက်ယောက်

muki

မတ်ခွက်

kulho

ဇလုံပန်းကန်

syömäpuikot

အစားစားသည့်တူများ

kauha

ယောက်ချို

paistinlasta

မွှေသည့်အတံ

vispilä

ခေါက်တံ

siivilä

စစ်သည့် အရာ

siivilä

စကာ

raastin

ခြစ်သည့်ကိရိယာ

mortteli

ပြုပ်ဆုံ

grilli

ဘာဘီကျူးကင်

avotuli

ထင်းမီးဖို

leikkuulauta
စင်းနီးတုံး

kaulin
လည်နေသောပင်

korkinavaaja
ဖော့ဆို့

purkki
သံဗူး

purkinavaaja
သံဗူးဖောက်တံ

pannulappu
အိုးတင်သည့်အရာ

lavuaari
ရေဆေးသည့် နေရာ

tiskiharja
စုပ်တံ

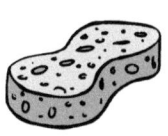

pesusieni
ရေမြှုပ်

tehosekoitin
မွှေသည့်စက်

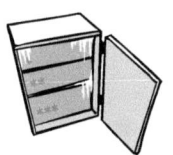

pakastin
အေးခဲသည့် ရေခဲခန်း

tuttipullo
ကလေးနို့ဗူး

vesihana
ရေပိုက်ခေါင်း

kylpyhuone
ရေချိုးခန်း

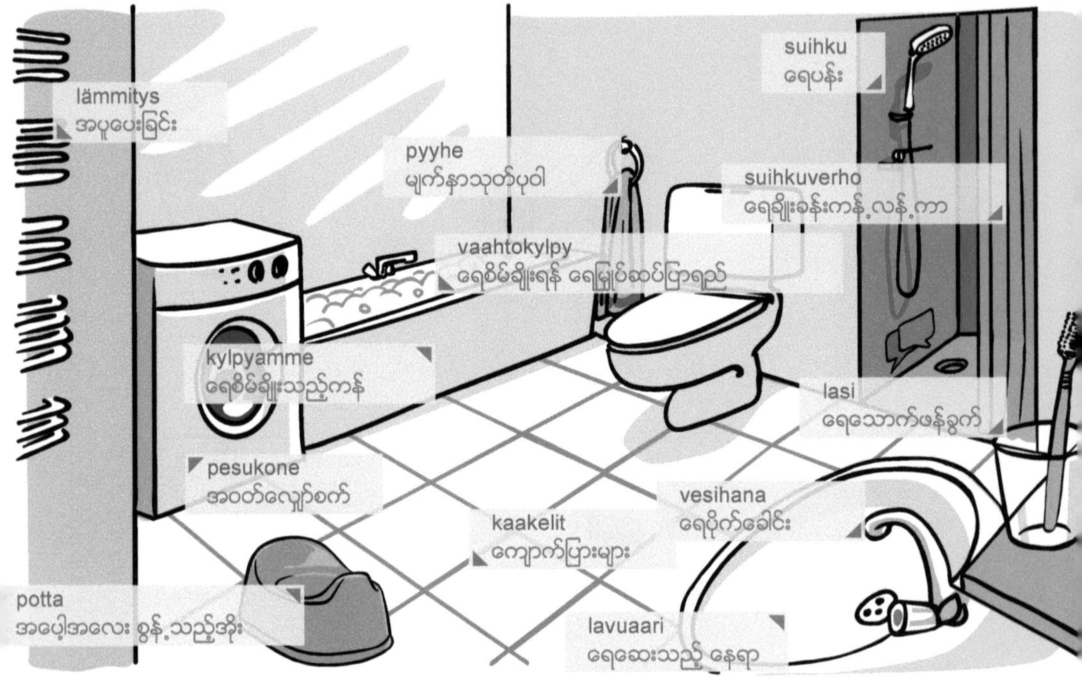

lämmitys
အပူပေးခြင်း
pyyhe
မျက်နှာသုတ်ပုဝါ
suihku
ရေပန်း
suihkuverho
ရေချိုးခန်းကန့်လန့်ကာ
vaahtokylpy
ရေစိမ်ချိုးရန် ရေမြှုပ်ဆပ်ပြာရည်
kylpyamme
ရေစိမ်ချိုးသည့်ကန်
lasi
ရေသောက်ဖန်ခွက်
pesukone
အဝတ်လျှော်စက်
vesihana
ရေပိုက်ခေါင်း
kaakelit
ကျောက်ပြားများ
potta
အပေါ့အလေး စွန့်သည့်အိုး
lavuaari
ရေဆေးသည့် နေရာ

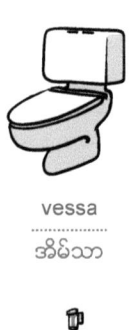

vessa

အိမ်သာ

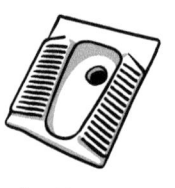

kyykkyvessa

ဆောင့်ကြောင့်ထိုင်ရသည့် အိမ်သာ

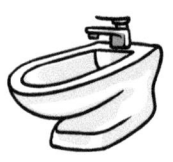

bidee

အမျိုးသမီးသုံး အောက်ပိုင်းဆေးသည့် ကမုတ်

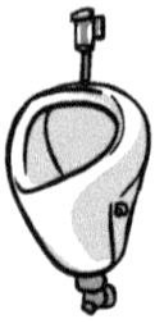

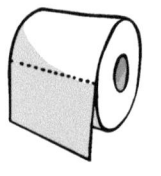

pisuaari

အမျိုးသား ဆီးသွားသည့်ကမုတ်

vessapaperi

အိမ်သာသုံး စက္ကူ

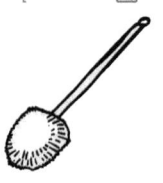

vessaharja

အိမ်သာတိုက် ဘရပ်ရှ်

hammasharja

သွားတိုက်တံ

hammastahna

သွားတိုက်ဆေး

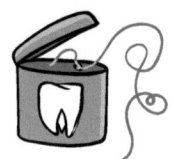

hammaslanka

သွား ချေးထုတ်သည့် ကြိုး

pestä

ဆေးကြောသည်

käsisuihku

လက်ကိုင် ရေပန်း

intiimisuihku

ရေပန်းဖြင့်ရေချိုးခြင်း

pesuvati

ရေအင်တုံ

selkäharja

နောက်ကျော ချေးတွန်းသည့်
ဘရပ်ရှ်

saippua

ဆပ်ပြာ

suihkugeeli

ရေချိုးဆပ်ပြာရည်

shampoo

ခေါင်းလျှော်ရည်

pesulappu

ဖလန်နယ်စ

viemäri

ရေထွက်ပေါက်

voide

ခရင်မ်

deodorantti

ဒီအော်ဒရန့် ခေါ်
ကိုယ်လိမ်းအမွေးနဲ့သာ

peili

မှန်

käsipeili

လက်ကိုင်မှန်

partaveitsi

မုတ်ဆိတ်ရိတ်တံ

partavaahto

မုတ်ဆိတ်ရိတ်ရန် အမြှုပ်

partavesi

မုတ်ဆိတ်ရိတ်ပြီး
လိမ်းသည့်အမွေးနံ့သာ

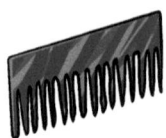

kampa

ခေါင်းဘီး

harja

ဘရပ်ရှ်

hiustenkuivaaja

ဆံပင်ခြောက်စက်

hiuslakka

ဆံပင်ဖြန်းဆေး

meikki

မိတ်ကပ်

huulipuna

နှုတ်ခမ်းဆိုးဆေး

kynsilakka

လက်သည်းဆိုးဆေး

pumpuli

ဝွမ်းလုံး

kynsisakset

လက်သည်းညှပ် ကပ်ကြေး

hajuvesi

ရေမွှေး

kylpyhuone - ရေချိုးခန်း

kosmetiikkalaukku

ရေချိုးခန်းသုံး အိတ်

jakkara

ခွေးခြေ

vaaka

ကိုယ်အလေးချိန်တိုင်းသည့်စက်

kylpytakki

ရေချိုးပြီး ဝတ်သည့်ဝတ်ရုံ

kumihansikkaat

ရာဘာ လက်အိတ်များ

tamponi

တန်ပွန် ခေါ် ဓမ္မတာလာစဉ် မိန်း
မကိုယ်တွင်းထည့်သည့်အရာ

terveysside

အမျိုးသမီး လစဉ်သုံးပုဝါစ

kemiallinen wc

ဓာတုပစ္စည်းထည့်သုံးသည့်
အိမ်သာ

lastenhuone

ကလေး အခန်း

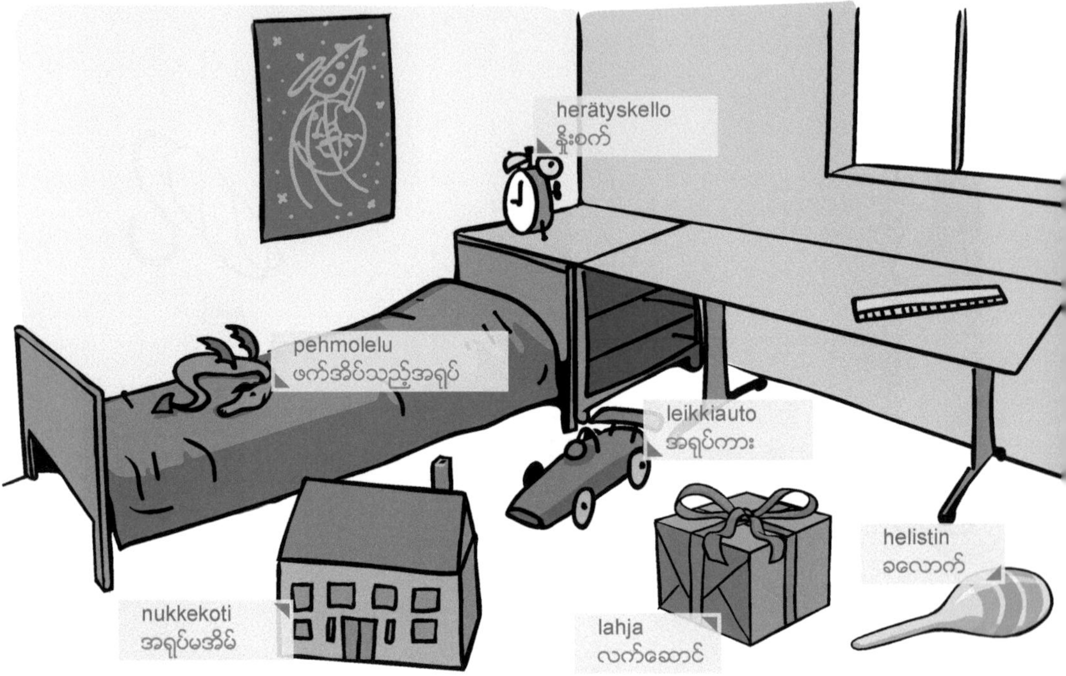

herätyskello
နိုးစက်
pehmolelu
ဖက်အိပ်သည့်အရုပ်
leikkiauto
အရုပ်ကား
helistin
ခလောက်
nukkekoti
အရုပ်မအိမ်
lahja
လက်ဆောင်

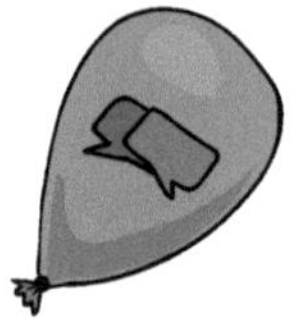

ilmapallo

ပူဖောင်း

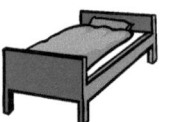

sänky

အိပ်ယာ

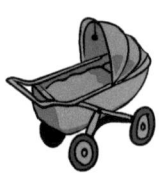

lastenvaunut

ကလေးတွန်းလှည်း

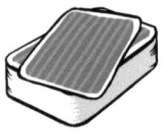

korttipeli

ကစားသည့်ကတ်ထုပ်

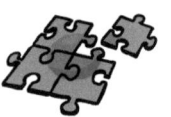

palapeli

ဂျစ်ဆော ခေါ်
ဆက်၍ကစားသည့်
အပိုင်းအစများ

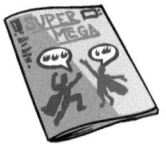

sarjakuva

ရုပ်ပြစာအုပ်

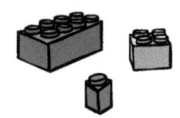

legopalikat
ဆောက်၍ကစားသည့် လေဂို
အတုံးများ

rakennuspalikat
ဆောက်၍ကစားသည့်
အတုံးများ

supersankari
လှုပ်ရှားလှုပ်ကိုင်သူ

potkupuku
ဘောဘီဂရိုး

frisbee
ဖရစ်ဘီး ခေါ် ပစ်၍ ကစားသည့်
အပြား

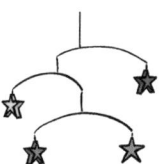

mobile
ရွေ့လျားနိုင်သော

lautapeli
ဘုတ်ပြားပေါ် တွင် ကစားနည်း

noppa
အံစာတုံး

pienoisjunarata
ကစားစရာ ရထား အစုံမော်ဒယ်

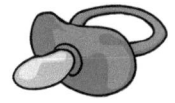

tutti
အရုပ်

juhlat
ပါတီ

kuvakirja
ရုပ်ပြစာအုပ်

pallo
ဘောလုံး

nukke
အရုပ်မ

leikkiä
ကစားသည်

hiekkalaatikko
ကစားသည့် သဲပုံး

keinu
ဒန်း

lelut
အရုပ်များ

pelikonsoli
ဗွီဒီယိုဂိမ်းကစားသည့် စက်

kolmipyörä
သုံးဘီး စက်ဘီး

nalle
တက်ဒီ ဝက်ဝံရုပ်

vaatekaappi
အဝတ်ဗီရို

sukat
ခြေအိတ်များ

nylonsukat
အမျိုးသမီးဝတ် ခြေအိတ်ရှည်

sukkahousut
အမျိုးသမီး ခြေအိတ်အကြပ်

kaulaliina
ပုဝါ

vyö
ခါးပတ်

sateenvarjo
ထီး

t-paita
တီရှပ်

lenkkarit
အားကစားဖိနပ်များ

saappaat
ဘွတ်ဖိနပ်များ

sisätossut
ခြေညှပ်ဖိနပ်များ

sandaalit
ခြေစွပ် နောက်ပိတ်ဖိနပ်

kengät
ရှူးဖိနပ်များ

kumisaappaat
ရာဘာ ဘွတ်ဖိနပ်များ

alushousut
အောက်ခံ အဝတ်များ

rintaliivit
ဘရာဇီယာ

aluspaita
အပေါ် ထပ် လက်ပြတ်အကျႝ

body
ကိုယ်ခန္ဓာ

housut
ဘောင်းဘီရှည်

farkut
ဂျင်းဘောင်းဘီ

hame
စကတ်

pusero
ဘလောက်စ်အကျႌ

paita
ရှပ်အကျႌ

villapaita
ခေါင်းစွပ်အကျႌ

collegepaita
ခေါင်းစွပ်ပါ အကျႌ

jakku
ဘလေဇာကုတ်အကျႌ

takki
ဂျက်ကတ်အကျႌ

takki
ကုတ်အကျႌ

sadetakki
မိုးကာ ကုတ်အကျႌ

puku
ဝတ်စုံ

mekko
ဂါဝန်

hääpuku
လက်ထပ် ဝတ်စုံ

puku
အနောက်တိုင်းဝတ်စုံပြည့်

yöpaita
ညအိပ်အကျီ

pyjama
ညအိတ်ဝတ်စုံ

shari
ဆာရီ

päähuivi
ခေါင်းအုပ်ပုဝါ

turbaani
တာဘန် ခေါ် ခေါင်းပေါင်း

burka
ဘာကာခေါ်
အမျိုးသမီးခေါင်းအုပ်

kaftaani
ကဖ်တန် ခေါ်
အမျိုးသားဝတ်ဘောင်းဘီ

abaya
အာဘယာ ခေါ် မွတ်ဆလင်
အမျိုးသမီးဝတ်အကျႌ

uimapuku
ရေကူးဝတ်စုံ

uimahousut
အဝတ်သေတ္တာ

shortsit
ဘောင်းဘီတို

verkkarit
အားကစားဝတ်စုံ

esiliina
ခါးစည်း အဝတ်

käsineet
လက်အိတ်များ

nappi

ကြယ်သီး

silmälasit

မျက်မှန်

rannekoru

လက်ကောက်

kaulakoru

လည်ဆွဲ

sormus

လက်စွပ်

korvakoru

နားကပ်

lippalakki

ခေါင်းဆောင်း ဦးထုပ်

ripustin

ကုတ်အကျႆ ချိတ်

hattu

ဦးထုပ်

solmio

နက်တိုင်

vetoketju

ဇစ်

kypärä

ဟဲလ်မက်ခေါ် ခေါင်းဆောင်း

henkselit

သွားထိန်းများ

koulupuku

ကျောင်းဝတ်စုံ

univormu

ယူနီဖောင်းဝတ်စုံ

ruokalappu
သွားရည်ခံ

tutti
အရုပ်

vaippa
ကလးအနှီး

toimisto
ရုံးခန်း

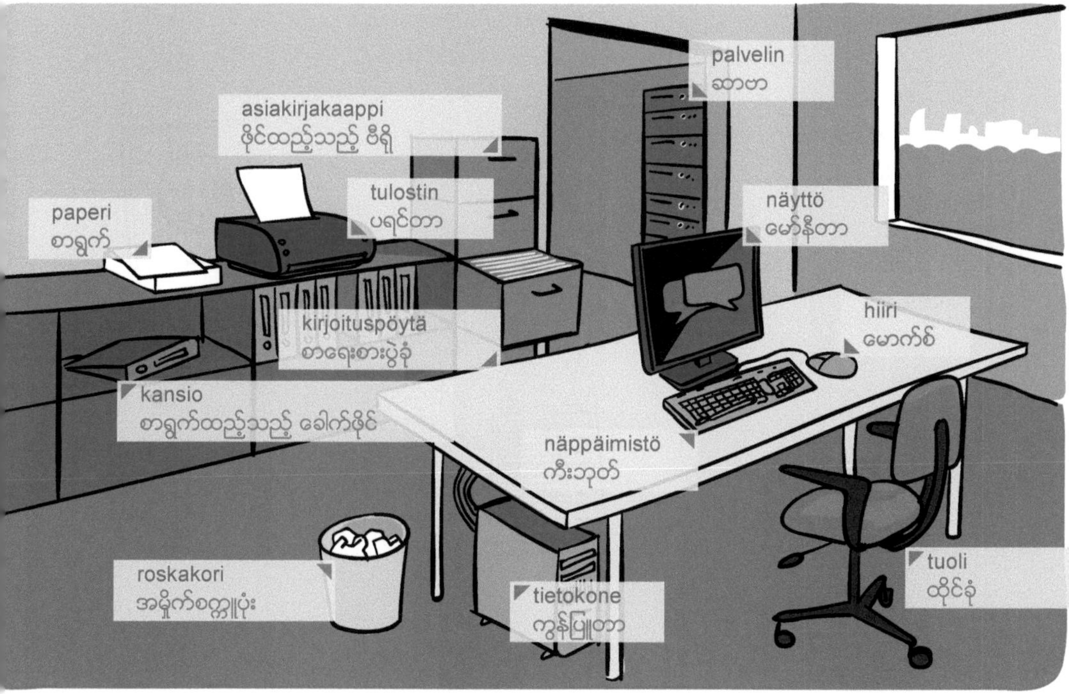

palvelin
ဆာဗာ

asiakirjakaappi
ဖိုင်ထည့်သည့် ဗီရို

tulostin
ပရင်တာ

näyttö
မော်နီတာ

paperi
စာရွက်

hiiri
မောက်စ်

kirjoituspöytä
စာရေးစားပွဲခုံ

kansio
စာရွက်ထည့်သည့် ခေါက်ဖိုင်

näppäimistö
ကီးဘုတ်

roskakori
အမှိုက်စက္ကူပုံး

tuoli
ထိုင်ခုံ

tietokone
ကွန်ပျူတာ

kahvimuki
ကော်ဖီ မတ်ခွက်

taskulaskin
ဂဏန်းတွက်စက်

internet
အင်တာနက်

kannettava tietokone

ပေါင်ပေါ်တင်ရိုက်နိုင်သည့် ကွန်ပျူတာ

kirje

စာ

viesti

မက်ဆေ့ချ်

kännykkä

မိုဘိုင်းဖုန်း

verkko

ကွန်ရက်

kopiokone

မိတ္တူကူးစက်

ohjelmisto

ဆော့ဖ်ဝဲရ်

puhelin

တယ်လီဖုန်း

pistorasia

ပလပ်ပေါက်

faksi

ဖက်စ်ပို့သည့် စက်

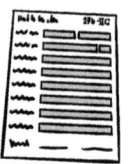

lomake

ပုံစံ

asiakirja

စာရွက်စာတမ်း

ostaa

ဝယ်ယူသည်

maksaa

ပေးအပ်သည်

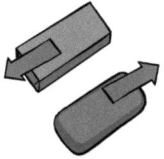

vaihtaa

ကုန်သွယ်သည်

raha

ပိုက်ဆံ

dollari

ဒေါ်လာ

euro

ယူရိုငွေ

jeni

ယန်းငွေ

rupla

ရူဘယ်ငွေ

frangi

ဆွစ်ဇာလန်နိုင်ငံသုံးငွေ

renminbi juan

ရမ်မင်ဘီ ယွမ်

rupia

ရူပီး

pankkiautomaatti

ငွေချေသည့်နေရာ

rahanvaihto

ငွေလဲဈာန

kulta

ရွှေ

hopea

ငွေ

öljy

ဆီ

energia

စွမ်းအင်

hinta

ဈေးနှုန်း

sopimus

စာချုပ်

vero

အခွန်

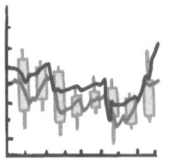

osake

စတော့ဈေးကွက်

työskennellä

အလုပ်လုပ်သည်

työntekijä

ဝန်ထမ်း

työnantaja

အလုပ်ရှင်

tehdas

စက်ရုံ

liike

ဆိုင်

ammatit
အလုပ်အကိုင်များ

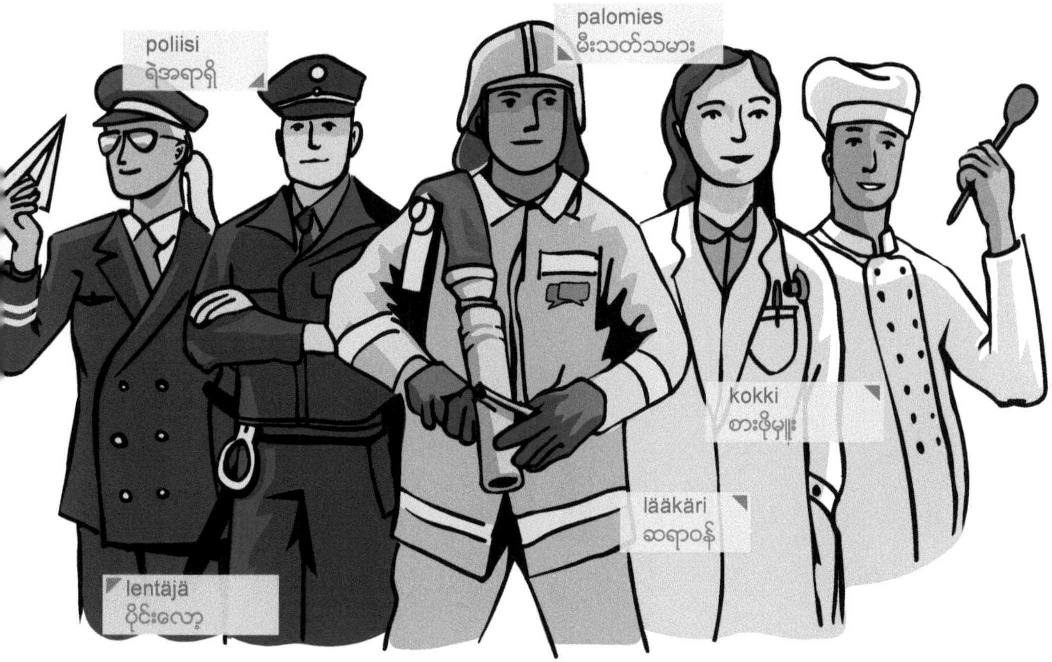

poliisi
ရဲအရာရှိ
palomies
မီးသတ်သမား
kokki
စားဖိုမှူး
lääkäri
ဆရာဝန်
lentäjä
ပိုင်းလော့

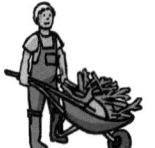

puutarhuri
မာလီ

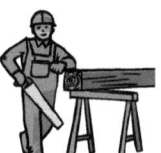

puuseppä
လက်သမား

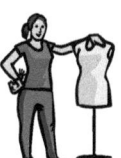

ompelija
စက်ချုပ်သူ

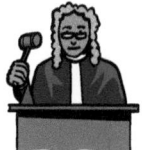

tuomari
တရားသူကြီး

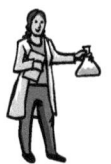

kemisti
ဓာတုဗေဒပညာရှင်

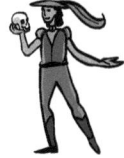

näyttelijä
သရုပ်ဆောင်

linja-autonkuljettaja

ဘတ်စ်ကားမောင်းသမား

taksinkuljettaja

တက်စီမောင်းသူ

kalastaja

ငါးဖမ်းသမား

siivooja

သန့်ရှင်းရေး အလုပ်သမ

katontekijä

အမိုးပြင်သူ

tarjoilija

စားပွဲထိုး

metsästäjä

အမဲလိုက်မုဆိုး

maalari

ဆေးသုတ်သမား သို့ မဟုတ်
ပန်းချီဆရာ

leipuri

မုန့်ဖုတ်သမား

sähköasentaja

လျှပ်စစ်ပညာရှင်

rakentaja

ဆောက်လုပ်ရေးသမား

insinööri

အင်ဂျင်နီယာ

teurastaja

သားသတ်သမား

putkiasentaja

ပိုက်ဆက်ဆရာ

postinjakaja

စာပို့သမား

sotilas

စစ်သား

arkkitehti

ဗိသုကာပညာရှင်

kassanhoitaja

ငွေကိုင်

floristi

ပန်းပညာရှင်

kampaaja

ဆံပင်အလှပြင်သူ

konduktööri

လက်မှတ်စစ်

mekaanikko

စက်ပြင်ဆရာ

kapteeni

ကပ္ပတိန်

hammaslääkäri

သွားဘက်ဆိုင်ရာ ဆရာဝန်

tiedemies

သိပ္ပံပညာရှင်

rabbi

ရာဘိုင်

imaami

မွတ်ဆလင် တရားဟောဆရာ

munkki

ဘုန်းကြီး

pappi

တရားဟောဆရာ

työkalut
ကိရိယာ တန်ဆာပလာများ

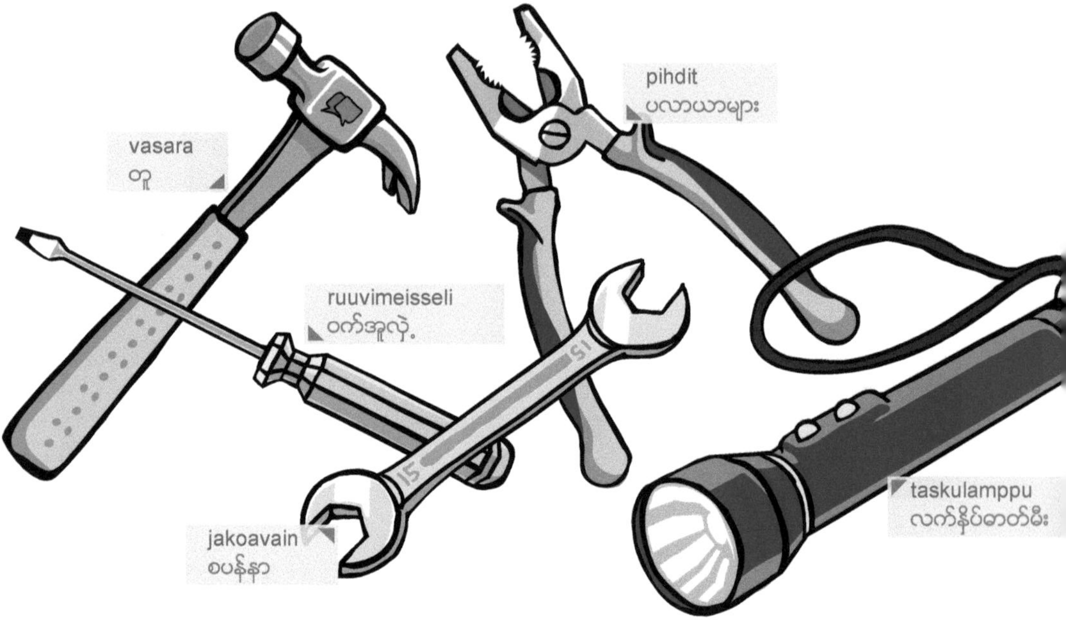

pihdit
ပလာယာများ
vasara
တူ
ruuvimeisseli
ဝက်အူလှည့်
taskulamppu
လက်နှိပ်ဓာတ်မီး
jakoavain
စပန်နာ

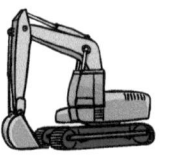

kaivinkone

မြေတူးစက်

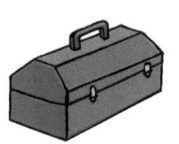

työkalupakki

လက်သမားသုံးကိရိယာ
သေတ္တာ

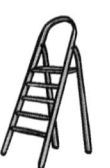

tikkaat

လှေကား

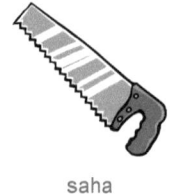

saha

လွှ

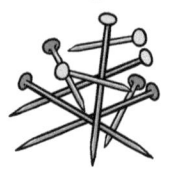

naulat

လက်သည်းများ

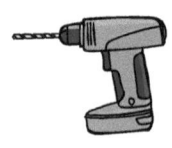

pora

အပေါက်ဖောက်စက်

korjata
ပြင်ဆင်သည်

lapio
ဂေါ်ပြား

Hitto!
ချီးတဲ့မှပဲ

rikkalapio
ဖုန်ကျိုးသည့် ဂေါ်ပြား

maalipurkki
ဆေးရောင်အိုး

ruuvit
ဝက်အူများ

soittimet
ဂီတတူရိယာများ

kaiuttimet
အသံချဲ့ စက်

rummut
ဒရမ် အစုံ

kontrabasso
နှစ်ထပ် ဘော့စ်ဂီတာ

trumpetti
တံပိုး တူရိယာ

kitara
ဂီတာ

piano

စန္ဒယား

viulu

တယော

basso

ဘော့စ်ဂီတာ

patarummut

နားစည်အမြှေးပါး

rumpu

ဒရမ်များ

kosketinsoitin

ကီးဘုတ် တူရိယာ

saksofoni

ဆက်ဆိုဖုန်း ခေါ်
လေမှုတ်တူရိယာ

huilu

ပုလွေ

mikrofoni

စကားပြောစက်

soittimet - ဂီတတူရိယာများ

eläintarha

တိရိစ္ဆာန်ရုံ

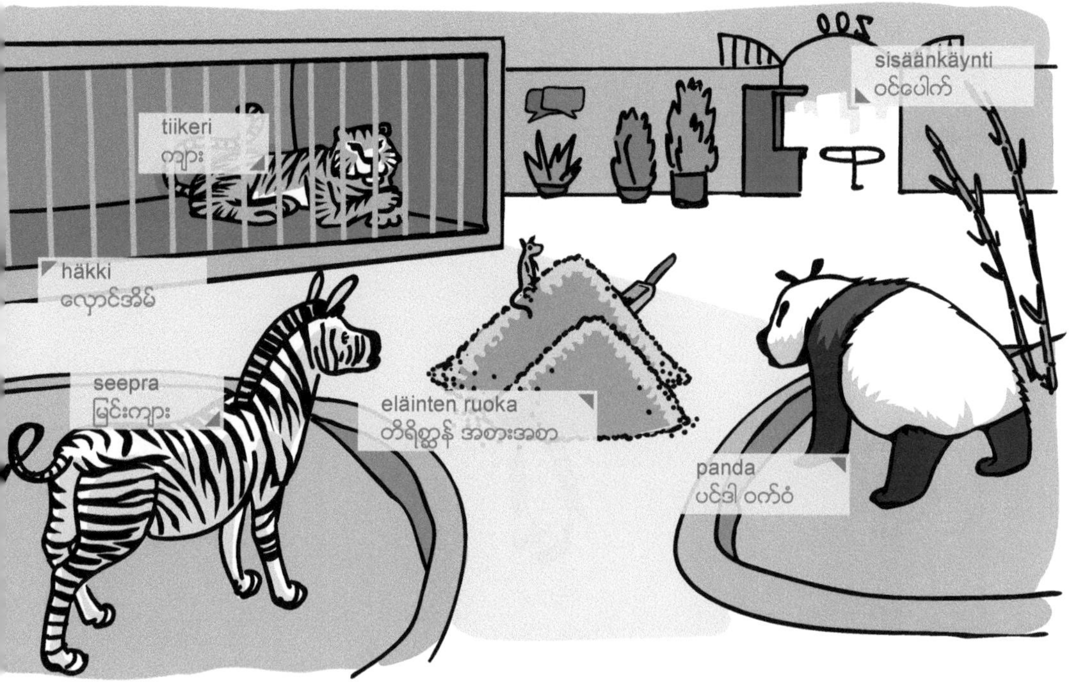

sisäänkäynti
ဝင်ပေါက်
tiikeri
ကျား
häkki
လှောင်အိမ်
seepra
မြင်းကျား
eläinten ruoka
တိရိစ္ဆာန် အစားအစာ
panda
ပင်ဒါ ဝက်ဝံ

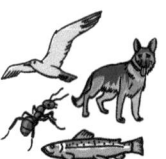

eläimet

တိရိစ္ဆာန်များ

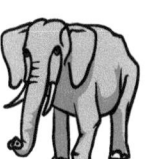

norsu

ဆင်

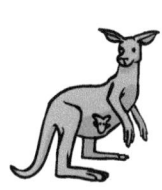

kenguru

သားပိုက်ကောင်

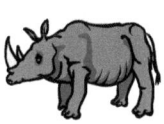

sarvikuono

ကြံ့

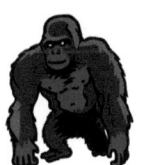

gorilla

ဂေါ်ရီလာမျောက်

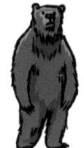

karhu

ဝက်ဝံ

kameli

ကုလားအုတ်

strutsi

ငှက်ကုလားအုတ်

leijona

ခြင်္သေ့

apina

မျောက်

flamingo

ဖလန်မင်းဂိုးငှက်

papukaija

ကြက်တူရွေး

jääkarhu

ပိုလာဝက်ဝံ

pingviini

ပင်ဂွင်းငှက်

hai

ငါးမန်း

riikinkukko

ဥဒေါင်းငှက်

käärme

မြွေ

krokotiili

မိချောင်း

eläintarhanhoitaja

တိရိစ္ဆာန်ရုံ ထိန်းသိမ်းသူ

hylje

ဖျံ

jaguaari

ကျားသစ်

poni

ပိုနီမြင်း

leopardi

ကျားသစ်

virtahepo

ရေမြင်း

kirahvi

သစ်ကုလားအုတ်

kotka

သိန်းငှက်

villisika

တောဝက်

kala

ငါး

kilpikonna

လိပ်

mursu

ပင်လယ်ဖျံကြီး

kettu

မြေခွေး

gaselli

ဦးချိုပါ သမင်ညိုတစ်မျိုး

amerikkalainen jalkapallo
အမေရိကန် ဖွတ်ဘော

pyöräily
စက်ဘီးစီးခြင်း

tennis
တင်းနစ်ရိုက်ခြင်း

koripallo
ဘတ်စကက်ဘော

uinti
ရေကူးခြင်း

nyrkkeily
လက်ဝှေ့

jääkiekko
ရေခဲပြင် ဟော်ကီ

jalkapallo
ဘောလုံးကန်ခြင်း

sulkapallo
ကြက်တောင်ရိုက်ခြင်း

yleisurheilu
ကိုယ်လက်လှုပ်ရှား
အားကစားများ

käsipallo
ဟန်းဒ်ဘော ခေါ် လက်ပစ်ဘော

hiihto
နှင်းလျှောစီးခြင်း

poolo
ပိုလို

aktiviteetit
လှုပ်ရှားမှုများ

nauraa
ရယ်မောသည်
hypätä
ခုန်သည်
halata
ပွေ့ဖက်သည်
kävellä
လမ်းလျှောက်သည်
laulaa
သီချင်းဆိုသည်
unelmoida
အိပ်မက်သည်
rukoilla
ဆုတောင်းသည်
suudella
နမ်းရှုပ်သည်

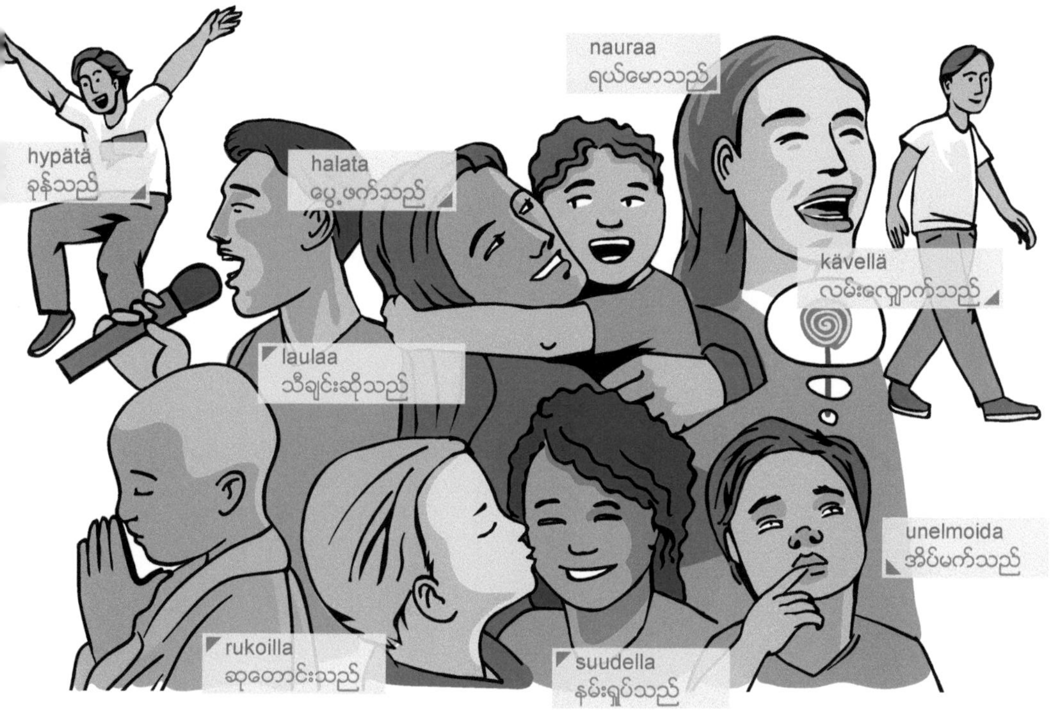

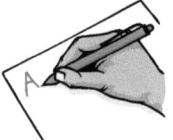

kirjoittaa
စာရေးသည်

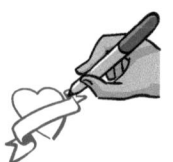

piirtää
ရေးဆွဲသည်

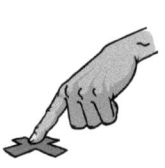

näyttää
ပြသသည်

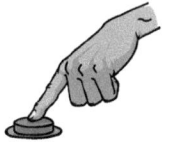

painaa
တွန်းသည်

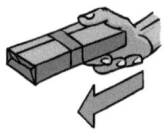

antaa
ပေးသည်

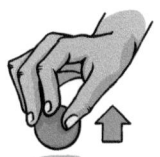

ottaa
ယူသည်

omistaa

ရှိသည်

tehdä

ပြုလုပ်သည်

olla

ဖြစ်သည်

seisoa

မတ်တတ်ရပ်သည်

juosta

ပြေးသည်

vetää

ဆွဲသည်

heittää

ပစ်သည်

kaatua

လဲကျသည်

maata

လိမ်လည်သည်

odottaa

စောင့်ဆိုင်းသည်

kantaa

သယ်ဆောင်သည်

istua

ထိုင်သည်

pukeutua

အဝတ်အစားဝတ်သည်

nukkua

အိပ်သည်

herätä

အိပ်ယာမှ ထသည်

katsoa
တစ်ခုခုကို ကြည့်ရှုသည်

itkeä
ငိုသည်

silittää
ပွတ်သပ်သည်

kammata
ဘီးဖီးသည်

puhua
စကားပြောသည်

ymmärtää
နားလည်သည်

kysyä
မေးသည်

kuunnella
နားထောင်သည်

juoda
သောက်သည်

syödä
စားသည်

siivota
သပ်ရပ်အောင်လုပ်သည်

rakastaa
ချစ်သည်

keittää
ချက်ပြုတ်သည်

ajaa
မောင်းသည်

lentää
ပျံသန်းသည်

purjehtia

ရွက်လှွင့်သည်

laskea

တွက်ပါ

lukea

ဖတ်သည်

oppia

သင်ယူသည်

työskennellä

အလုပ်လုပ်သည်

mennä naimisiin

လက်ထပ်သည်

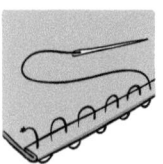

ommella

အပ်ချုပ်သည်

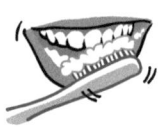

pestä hampaat

သွားတိုက်သည်

tappaa

သတ်သည်

tupakoida

ဆေးလိပ်သောက်သည်

lähettää

ပို့သည်

mummo
အဖွား

ukki
အဖိုး

isä
ဖခင်

äiti
မိခင်

vauva
ကလေး

tytär
သမီး

poika
သား

vieras

ဧည့်သည်

täti

အဒေါ်

setä

ဦးလေး

veli

အစ်ကို

sisko

အစ်မ

vartalo
ကိုယ်ခန္ဓာ

otsa
နဖူး
silmä
မျက်လုံး
olkapää
ပုခုံး
sormet
လက်ချောင်း
kasvot
မျက်နှာ
leuka
မေးစေ့
käsi
လက်
jalka
ခြေသလုံး
rinta
ရင်သား
käsivarsi
လက်မောင်း

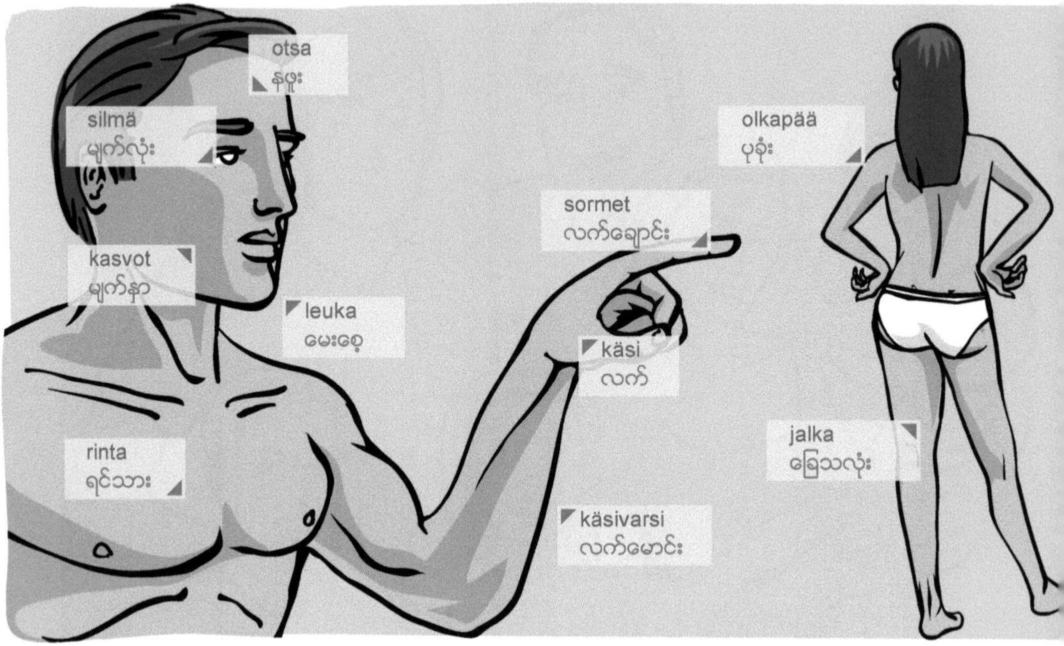

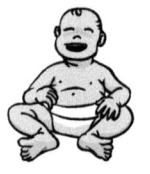

vauva
ကလေး

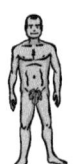

mies
ယောက်ျားကြီး

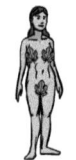

nainen
အမျိုးသမီးကြီး

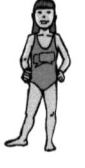

tyttö
မိန်းကလေး

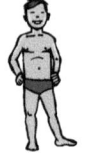

poika
ယောက်ျားလေး

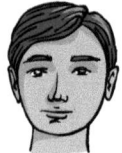

pää
ဦးခေါင်း

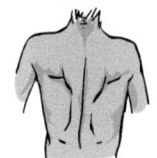

selkä

နောက်ကျော

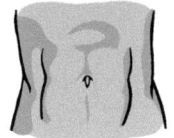

maha

ဗိုက်

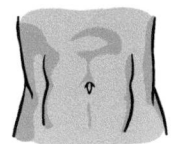

napa

ချက်

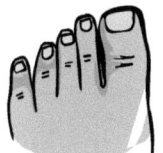

varvas

ခြေချောင်း

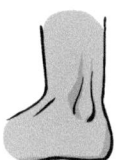

kantapää

ဖနောင့်

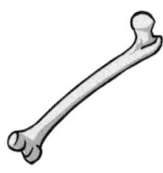

luu

အရိုး

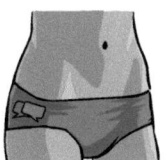

lantio

တင်ရိုး

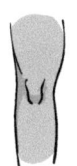

polvi

ဒူးခေါင်း

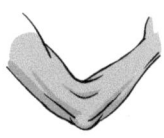

kyynärpää

တံတောင်ဆစ်

nenä

နှာခေါင်း

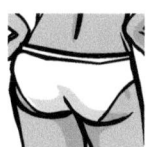

takapuoli

တင်ပါး

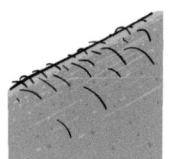

iho

အရေပြား

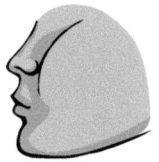

poski

ပါးပြင်

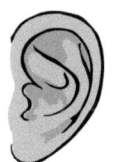

korva

နား

huuli

နှုတ်ခမ်း

suu

ပါးစပ်

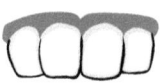

hammas

သွား

kieli

လျှာ

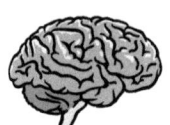

aivot

ဦးနှောက်

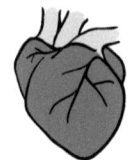

sydän

နှလုံး

lihas

ကြွက်သား

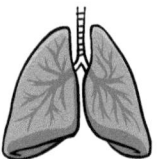

keuhkot

အဆုတ်

maksa

အသည်း

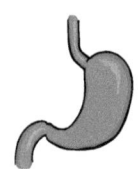

vatsa

အစာအိမ်

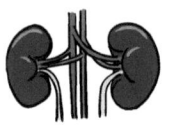

munuaiset

ကျောက်ကပ်များ

seksi

လိင်

kondomi

ကွန်ဒုံး

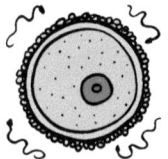

munasolu

သားဥ

sperma

သုတ်ရည်

raskaus

ကိုယ်ဝန်

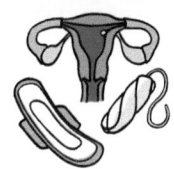

kuukautiset

ဓမ္မတာလာခြင်း

vagina

မိန်းမကိုယ်

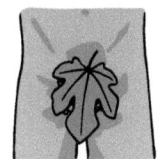

penis

လိင်တံ

kulmakarvat

မျက်ခုံး

hiukset

ဆံပင်

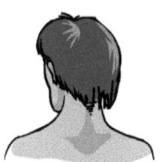

niska

လည်ပင်း

sairaala
ဆေးရုံ

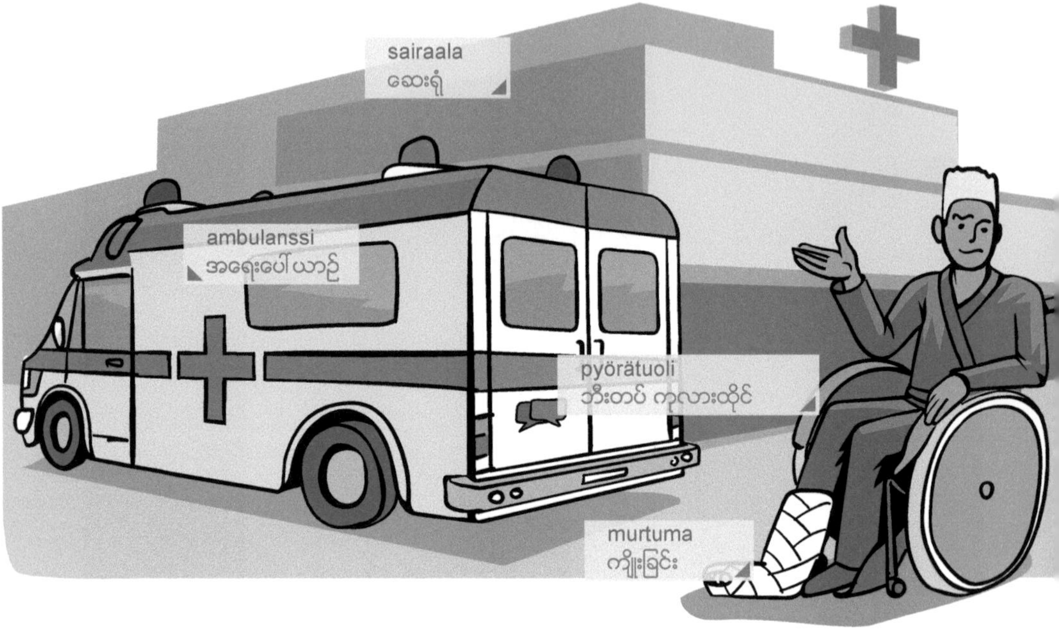

sairaala
ဆေးရုံ
ambulanssi
အရေးပေါ် ယာဉ်
pyörätuoli
ဘီးတပ် ကုလားထိုင်
murtuma
ကျိုးခြင်း

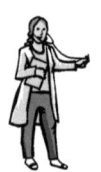

lääkäri

ဆရာဝန်

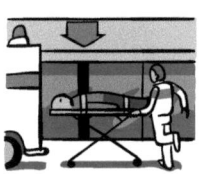

ensiapu

အရေးပေါ် ဆေးကုသခန်း

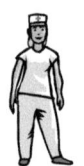

sairaanhoitaja

သူနာပြု

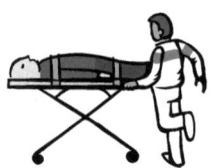

hätätilanne

အရေးပေါ်

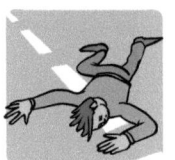

tajuton

သတိလစ်ခြင်း

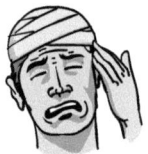

kipu

နာခြင်း

vamma

ဒဏ်ရာ

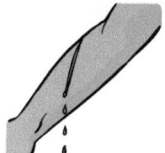

verenvuoto

သွေးယိုထွက်ခြင်း

sydänkohtaus

နှလုံးရပ်ခြင်း

aivoinfarkti

လေဖြတ်ခြင်း

allergia

ဓာတ်မတည့်ခြင်း

yskä

ချောင်းဆိုးခြင်း

kuume

အဖျား

flunssa

တုပ်ကွေးရောဂါ

ripuli

ဝမ်းပျက်ဝမ်းလျှောခြင်း

päänsärky

ခေါင်းကိုက်ခြင်း

syöpä

ကင်ဆာရောဂါ

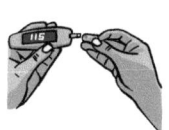

diabetes

ဆီးချိုရောဂါ

kirurgi

ခွဲစိတ်ဆရာဝန်

veitsi

ခွဲစိတ်ခန်းသုံးဓါးပါး

leikkaus

ခွဲစိတ်ခြင်း

ct

စီတီ

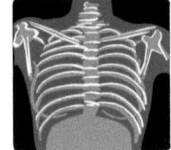

röntgen

ဓာတ်မှန်

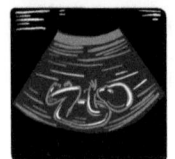

ultraääni

အာထရာဆောင်း

maski

မျက်နှာဖုံး

sairaus

ရောဂါ

odotushuone

စောင့်ဆိုင်းရန် အခန်း

sauva

ချိုင်းထောက်

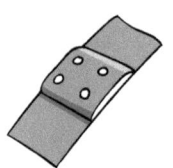

laastari

ပလာစတာ

side

ပတ်တီး

pistos

ထိုးဆေး

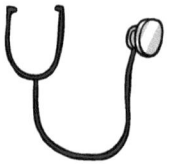

stetoskooppi

နားကြပ်

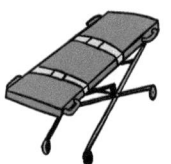

paarit

လူနာတင်ထမ်းစင်

kuumemittari

ကသရေးပိုင်းသုံး
အပူချိန်တိုင်းသာမိုမီတာ

syntymä

မွေးဖွားခြင်း

ylipaino

အဝလွန်ခြင်း

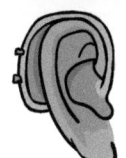

kuulolaite
နားကြားကိရိယာ

desinfiointiaine
ပိုးသတ်ဆေး

infektio
ရောဂါကူးစက်ခြင်း

virus
ဗိုင်းရပ်စ်ပိုး

HIV / AIDS
အိတ်ချ်အိုင်ဗွီ /
အေအိုင်ဒီအက်စ်

lääke
ဆေးဝါး

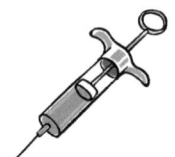

rokotus
ကာကွယ်ဆေးထိုးခြင်း

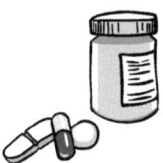

tabletit
ဆေးလုံးများ

pilleri
ဆေးလုံး

hätäpuhelu
အရေးပေါ် ဖုန်းခေါ်ဆိုမှု

verenpainemittari
သွေးဖိအား စောင့်ကြည့်သည့်
ကိရိယာ

sairas / terve
နာမကျန်းသော / ကျန်းမာသော

Apua!

ကူညီကြပါ။

hälytys

အရေးပေါ် ခေါင်းလောင်း

ryöstö

ရိုက်နက်သည်

hyökkäys

တိုက်ခိုက်သည်

vaara

အန္တရာယ်

hätäuloskäynti

အရေးပေါ် ထွက်ပေါက်

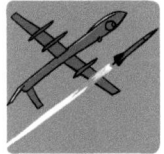

Tulipalo!

မီး။

palosammutin

မီးသတ်ပုံး

onnettomuus

မတော်တဆဖြစ်ရပ်

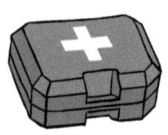

ensiapulaukku

ကြက်ခြေနီ ဆေးပုံး

SOS

အက်စ်အိုအက်စ်

poliisilaitos

ရဲ

Eurooppa

ဥရောပတိုက်

Pohjois-Amerikka

မြောက်အမေရိကတိုက်

Etelä-Amerikka

တောင်အမေရိကတိုက်

Afrikka

အာဖရိကတိုက်

Aasia

အာရှတိုက်

Australia

သြစတြေးလျတိုက်

Atlantin valtameri

အတ္တလန္တိတ် သမုဒ္ဒရာ

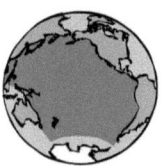

Tyynimeri

ပစိဖိတ် သမုဒ္ဒရာ

Intian valtameri

အိန္ဒိယ သမုဒ္ဒရာ

Eteläinen jäämeri

အန္တာတိတ် သမုဒ္ဒရာ

Pohjoinen jäämeri

အာတိတ် သမုဒ္ဒရာ

pohjoisnapa

မြောက်ဝင်ရိုးစွန်း

etelänapa

တောင်ဝင်ရိုးစွန်း

Antarktis

အန္တာတိကတိုက်

maa

ကမ္ဘာမြေကြီး

maa

ကုန်းမြေ

meri

ပင်လယ်

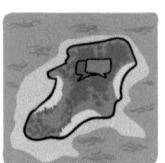

saari

ကျွန်း

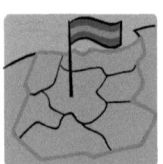

kansa

နိုင်ငံကူးလက်မှတ်

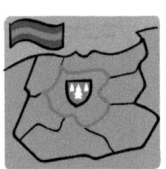

osavaltio

ပြည်နယ်

kellotaulu

နာရီမျက်နှာပြင်

tuntiviisari

နာရီလက်တံ

minuuttiviisari

မိနစ်လက်တံ

sekuntiviisari

ဒုတိယလက်တံ

Paljonko kello on?

ဘယ်အချိန်ရှိပြီလဲ။

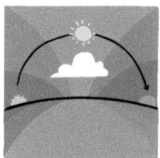

päivä

ရက်

aika

အချိန်

nyt

ယခု

digitaalikello

ဒစ်ဂျစ်တယ် လက်ပတ်နာရီ

minuutti

မိနစ်

tunti

နာရီ

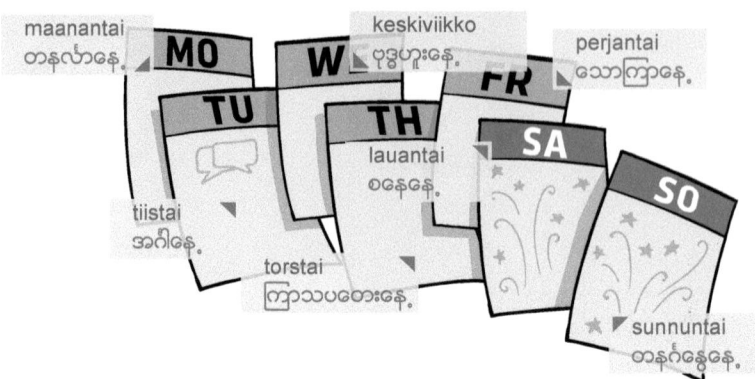

maanantai
တနင်္လာနေ့

keskiviikko
ဗုဒ္ဓဟူးနေ့

perjantai
သောကြာနေ့

tiistai
အင်္ဂါနေ့

torstai
ကြာသပတေးနေ့

lauantai
စနေနေ့

sunnuntai
တနင်္ဂနွေနေ့

eilen

မနေ့က

tänään

ယနေ့

huomenna

မနက်ဖြန်

aamu

မနက်

keskipäivä

နေ့လည်

ilta

ညနေ

työpäivät

အလုပ်လုပ်ရက်များ

viikonloppu

စနေ တနင်္ဂနွေ အားလပ်ရက်

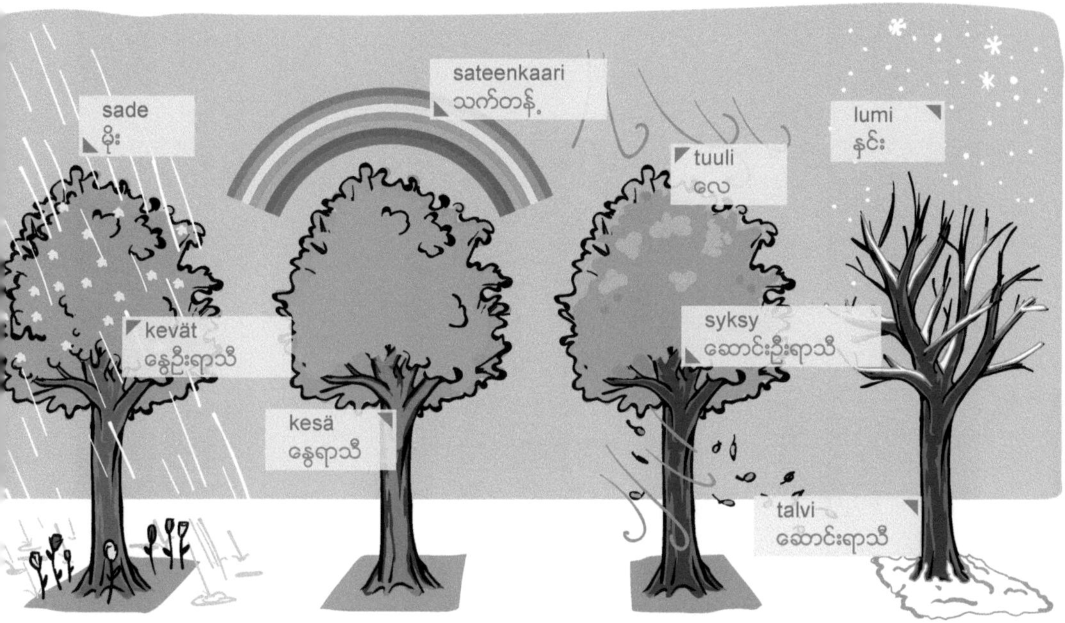

sateenkaari
သက်တန့်
sade
မိုး
lumi
နှင်း
tuuli
လေ
kevät
နွေဦးရာသီ
syksy
ဆောင်းဦးရာသီ
kesä
နွေရာသီ
talvi
ဆောင်းရာသီ

4.APRIL 11°
5.APRIL 4°
6.APRIL 13°
7.APRIL 8°
8.APRIL 10°

sääennuste

လေဝသ ကြိုတင်ခန့်မှန်းချက်

F C
120 40
90 30
60 20
30 10
0 0
-30 -10
-20

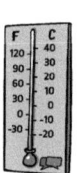

lämpömittari

အပူချိန်တိုင်း ကိရိယာ

auringonpaiste

နေရောင်ခြည်

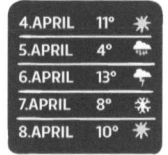

pilvi

တိမ်

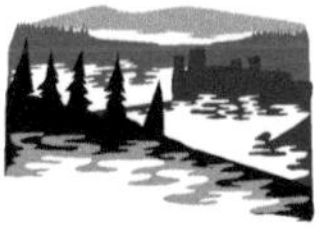

sumu

မြူ

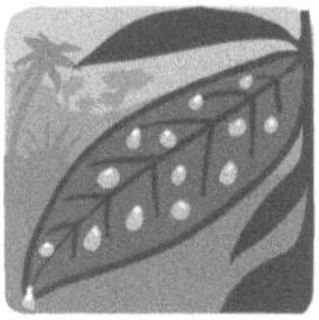

ilmankosteus

စိုထိုင်းဆ

salama

လျှပ်စီးလက်ခြင်း

ukkonen

မိုးကြိုး

myrsky

မုန်တိုင်း

rae

မိုးသီး

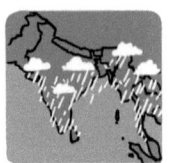

monsuuni

မိုးရာသီ

tulva

ရေကြီးခြင်း

jää

ရေခဲ

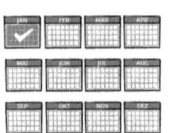

tammikuu

ဇန်နဝါရီလ

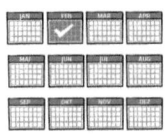

helmikuu

ဖေဖော်ဝါရီလ

maaliskuu

မတ်လ

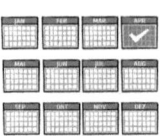

huhtikuu

ဧပြီလ

toukokuu

မေလ

kesäkuu

ဇွန်လ

heinäkuu

ဇူလိုင်လ

elokuu

သြဂုတ်လ

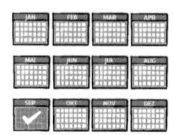

syyskuu
....
စက်တင်ဘာလ

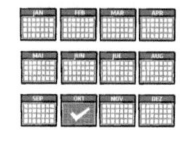

lokakuu
....
အောက်တိုဘာလ

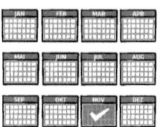

marraskuu
....
နိုဝင်ဘာလ

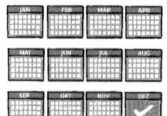

joulukuu
....
ဒီဇင်ဘာလ

muodot
ပုံစံများ

ympyrä
....
စက်ဝိုင်း

neliö
....
စတုရန်း

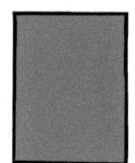

suorakulmio
....
ထောင့်မှန်စတုဂံ

kolmio
....
တြိဂံ

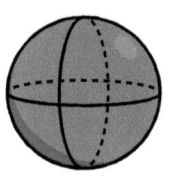

pallo
....
စက်ဝန်း

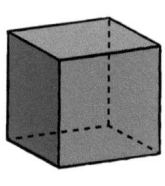

kuutio
....
အတုံး

valkoinen

အဖြူရောင်

keltainen

အဝါရောင်

oranssi

လိမ္မော်ရောင်

vaaleanpunainen

ပန်းရောင်

punainen

အနီရောင်

violetti

ခရမ်းရောင်

sininen

အပြာရောင်

vihreä

အစိမ်းရောင်

ruskea

အညိုရောင်

harmaa

မီးခိုးရောင်

musta

အနက်ရောင်

paljon / vähän

အများအပြား / အနည်းငယ်

vihainen / ystävällinen

စိတ်ဆိုးသော /
စိတ်တည်ငြိမ်သော

kaunis / ruma

လှပသော / ရုပ်ဆိုးသော

alku / loppu

အစ / အဆုံး

suuri / pieni

အကြီးသော / အငယ်

vaalea / tumma

တောက်ပသော / မှောင်မဲသော

veli / sisko

ညီအစ်ကို / ညီအစ်မ

puhdas / likainen

သန့်ရှင်းသော / ညစ်ပတ်သော

täydellinen / epätäydellinen

ပြည့်စုံသော / မပြည့်စုံသော

päivä / yö

နေ့ / ည

kuollut / elävä

သေသော / ရှင်သော

leveä / kapea

ကျယ်သော / ကျဉ်းသော

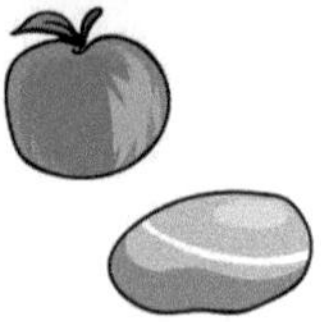

syötävä / syömäkelvoton

စားသုံးနိုင်သော / မစားသုံးနိုင်သော

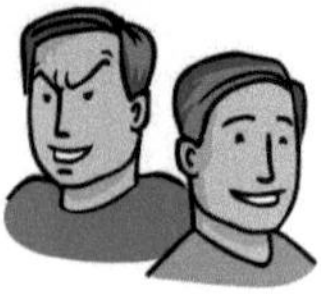

paha / kiltti

စိတ်ယုတ်သော / ကြင်နာသော

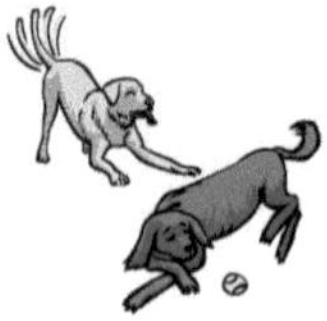

innostunut / tylsistynyt

စိတ်လှုပ်ရှားဖွယ် / ပျင်းရိဖွယ်

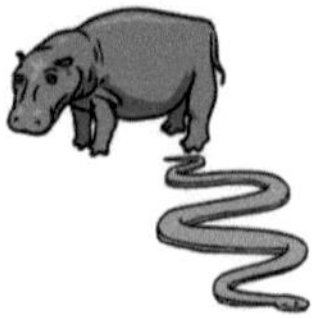

lihava / laiha

ဝသော / ပိန်သော

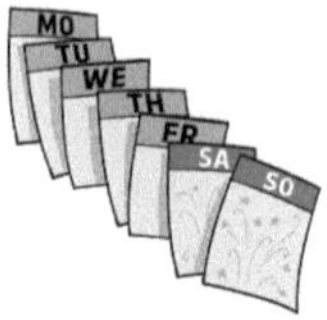

ensimmäinen / viimeinen

ပထမ / နောက်ဆုံးပိတ်

ystävä / vihollinen

မိတ်ဆွေ / ရန်သူ

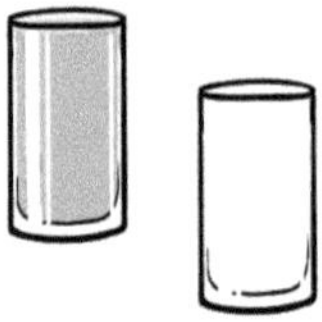

täysi / tyhjä

အပြည့် / ဘာမှမရှိ

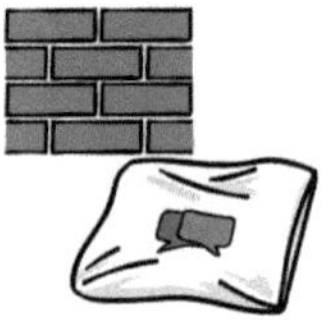

kova / pehmeä

မာသော / ပျော့သော

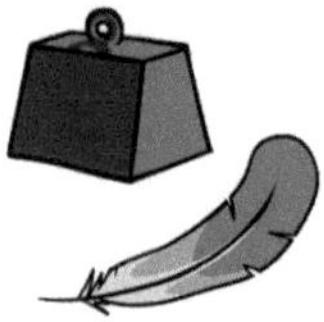

painava / kevyt

လေးလံသော / ပေါ့ပါးသော

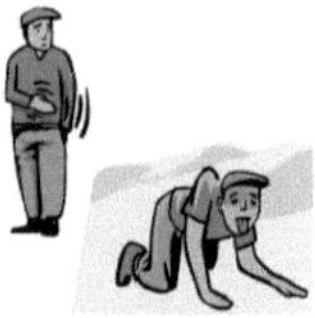

nälkä / jano

ဆာလောင်သော / ရေဆာသော

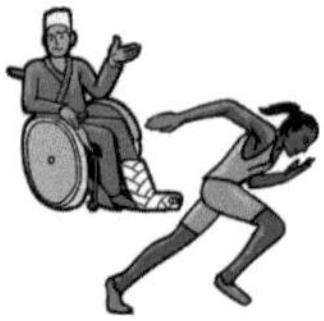

sairas / terve

နာမကျန်းသော / ကျန်းမာသော

laiton / laillinen

တရားမဝင်သော / တရားဝင်သော

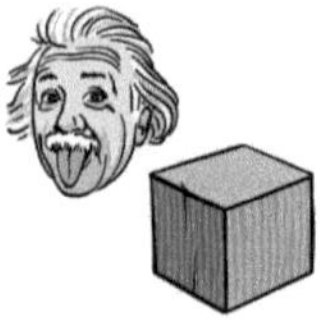

älykäs / tyhmä

ဉာဏ်ကောင်းသော / ထိုင်းသော

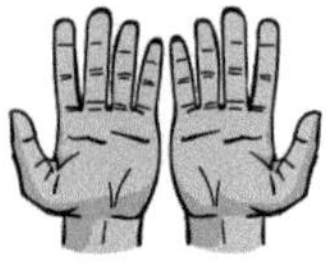

vasen / oikea

ဘယ် / ညာ

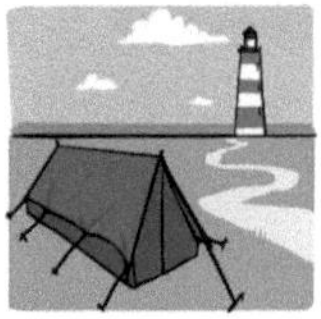

lähellä / kaukana

နီးသော / ဝေးသော

uusi / käytetty
အသစ် / အသုံးပြုပြီးသား

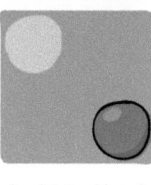

ei mitään / jotain
ဘာမှမရှိ / တစ်ခုခု

vanha / nuori
အသက်ကြီးသော /
ငယ်ရွယ်သော

päällä / pois päältä
ဖွင့်သော / ပိတ်သော

auki / kiinni
ဖွင့်သော / ပိတ်သော

hiljainen / äänekäs
တိတ်ဆိတ် / ကျယ်လောင်

rikas / köyhä
ချမ်းသာ / ဆင်းရဲ

oikein / väärin
အမှန် / အမှား

karhea / sileä
ကြမ်းတမ်း / ချောမွေ့

surullinen / iloinen
ဝမ်းနည်း / ဝမ်းသာ

lyhyt / pitkä
အတို / အရှည်

hidas / nopea
အနေး / အမြန်

märkä / kuiva
စွတ်သော / ခြောက်သွေ့သော

lämmin / viileä
နွေးထွေးသော / အေးမြသော

sota / rauha
စစ် / ငြိမ်းချမ်းရေး

0

nolla

သုည

1

yksi

တစ်

2

kaksi

နှစ်

3

kolme

သုံး

4

neljä

လေး

5

viisi

ငါး

6

kuusi

ခြောက်

7

seitsemän

ခုနစ်

8

kahdeksan

ရှစ်

9

yhdeksän

ကိုး

10

kymmenen

တစ်ဆယ်

11

yksitoista

ဆယ့်တစ်

12
kaksitoista
ဆယ့်နှစ်

13
kolmetoista
ဆယ့်သုံး

14
neljätoista
ဆယ့်လေး

15
viisitoista
ဆယ့်ငါး

16
kuusitoista
ဆယ့်ခြောက်

17
seitsemäntoista
ဆယ့်ခုနစ်

18
kahdeksantoista
ဆယ့်ရှစ်

19
yhdeksäntoista
ဆယ့်ကိုး

20
kaksikymmentä
နှစ်ဆယ်

100
sata
ရာ

1.000
tuhat
ထောင်

1.000.000
miljoona
မီလျှံ

kielet

ဘာသာစကားများ

englanti

အင်္ဂလိပ် ဘာသာစကား

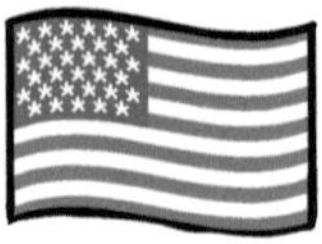

amerikanenglanti

အမေရိကန် အင်္ဂလိပ် ဘာသာစကား

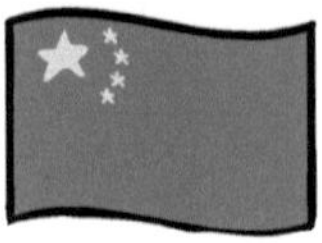

mandariinikiina

တရုတ် မန်ဒရင်း ဘာသာစကား

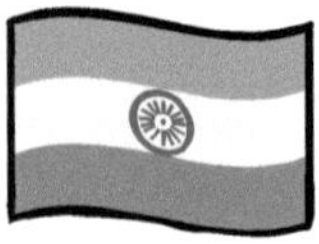

hindi

ဟိန္ဒူ ဘာသာစကား

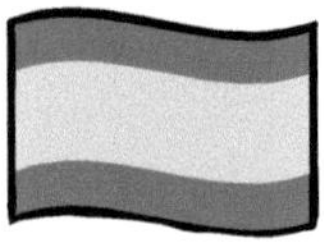

espanja

စပိန် ဘာသာစကား

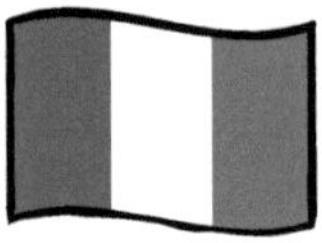

ranska

ပြင်သစ် ဘာသာစကား

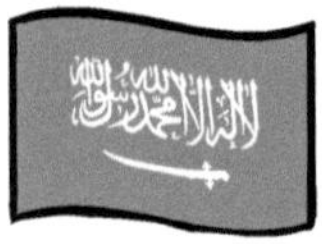

arabia

အာရာဗီ ဘာသာစကား

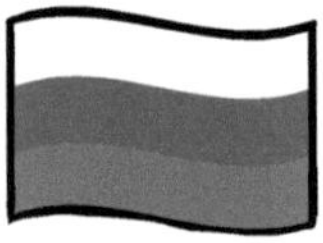

venäjä

ရုရှ ဘာသာစကား

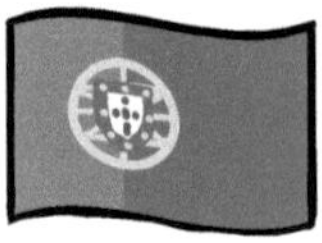

portugali

ပေါ်တူဂီ ဘာသာစကား

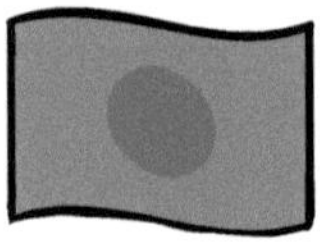

bengali

ဘင်္ဂါလီ ဘာသာစကား

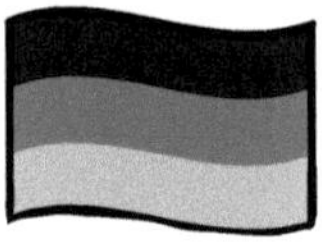

saksa

ဂျာမန် ဘာသာစကား

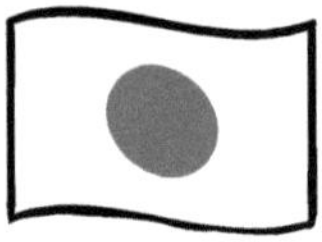

japani

ဂျပန် ဘာသာစကား

kuka / mitä / miten
ဘယ်သူ / ဘာ / ဘယ်လိုပုံ

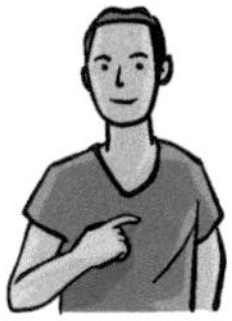

minä

ကျွန်ုပ်

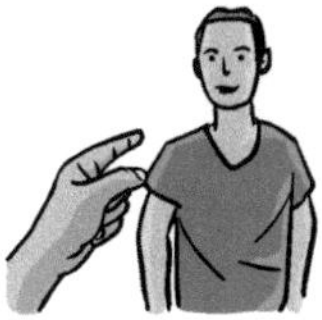

sinä

သင်

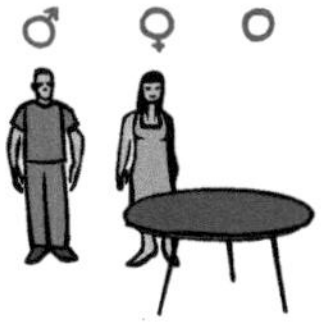

hän

သူ / သူမ / ၎င်း

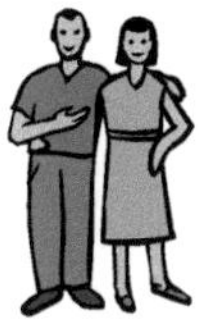

me

ကျွန်ုပ်တို့

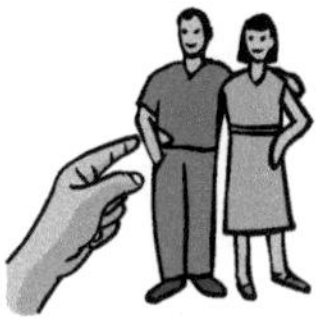

te

သင်တို့

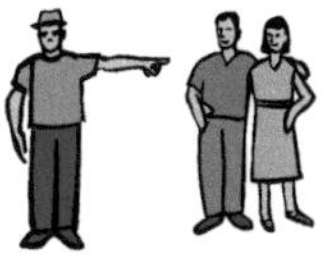

he

သူတို့

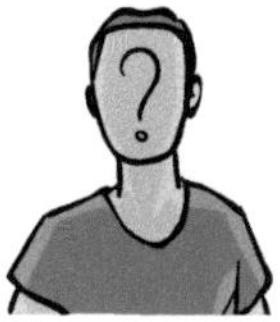

kuka?

ဘယ်သူလဲ။

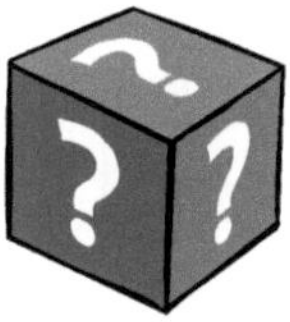

mitä / mikä?

ဘာလဲ။

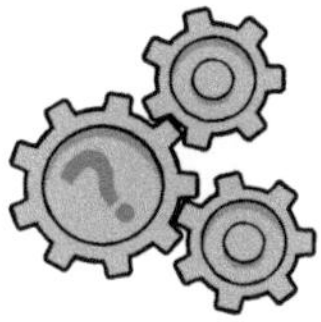

miten?

ဘယ်လိုလဲ။

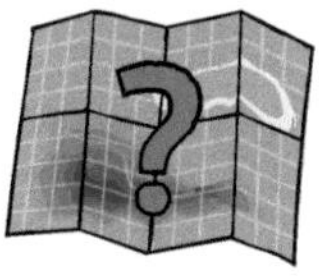

missä?

ဘယ်နေရာလဲ။

milloin?

ဘယ်အချိန်လဲ။

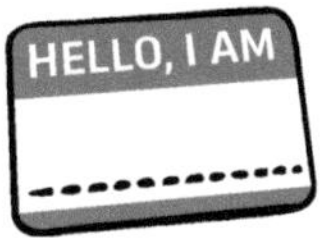

nimi

အမည်

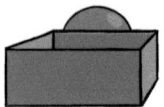

takana

အနောက်ဖက်

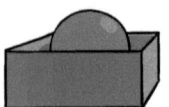

sisällä

အတွင်း

edessä

အရှေ့ဖက်

yläpuolella

အထက်ဖက်

päällä

အပေါ်ဖက်

alapuolella

အောက်ဖက်

vieressä

ဘေးဖက်

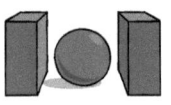

välissä

ကြား

paikka

နေရာ